Erich Purk · Versöhnung

Erich Purk

Versöhnung

Der spirituelle Fastenbegleiter

kbw bibelwerk

www.bibelwerk.de

ISBN 978-3-460-27134-0

Umschlag: Finken & Bumiller, Stuttgart
Titelbild: Wäscheklammern, Foto: © aboutpixel.de
Satz und Repro: Olschewski Medien GmbH, Stuttgart
Gedruckt in der Tschechischen Republik.

Inhaltsverzeichnis

Vorwort

Zwei sehr unterschiedliche Wäscheklammern haben auf dem Titelbild wieder zueinandergefunden. Sie ziehen „am gleichen Strang". Die Wäsche, die hier aufgehängt wird, ist gewaschen, sie ist gereinigt worden:
„Wasch meine Schuld von mir ab und mach mich rein von meiner Sünde!" (Ps 51,4).
Viele Generationen haben mit den Worten des Psalms 51 gebetet. Das ist bedeutsam, wenn man den Weg der Versöhnung betreten möchte.
„Das verzeihe ich dir nie!" Menschen verletzen und betrügen. Sie kränken und werden gekränkt. Einmal ist man Täter, ein anderes Mal Opfer.
Oder: „Da muss doch endlich Gras drüber wachsen!" Vergessen und verdrängen heilt die Wunden nicht. Und so verbraucht der Unversöhnte viele Energien und verschwendet Kräfte. Die Rache und das Vergeltungsstreben blockieren die Zukunft, wie bei der Frau des Lot im Alten Testament: Sie kann ihren Blick nicht lösen auf Sodom und Gomorra. Sie schaut zurück – und erstarrt zur Salzsäule.
Wer nicht verzeiht, bleibt stehen, auch in seiner persönlichen Entwicklung, weil er in der Opferrolle stecken bleibt.
In unseren Tagen gibt es erstaunlich viele Veröffentlichungen von Psychologen und Therapeuten zum Thema „Versöhnung". Sie lehren uns, dass Hass und Rache nicht weiterhelfen. Vergeben ist „Selbstheilung der Seele". Wer nicht vergeben kann, schadet sich selbst. Wer verzeihen kann, lebt trotz gebrochenem Herzen glücklicher und gesünder.
Ohne Vergebung ist der Weg zu echter Versöhnung unmöglich. Wer sich als Opfer empfindet, muss zuerst seinen eigenen Anteil an Schuld erkennen und sein Streben nach Vergeltung aufgeben. Vergeben ist ein innerer Befreiungsakt.
Seit Jahrhunderten waren Vergebung und Versöhnung das besondere Bemühen der Glaubensverkündigung. Offensichtlich sind die Kirchen mit den Ritualen und Sakramenten der Ver-

söhnung in die Krise geraten. Die Psychologen und Therapeuten scheinen heute in die Bresche zu springen.
Versöhnung mit sich selbst und seiner eigenen Lebensgeschichte, Versöhnung mit Gott und mit den anderen ist das Anliegen der biblischen Botschaft. „Wer (aber) außer Gott kann Sünden vergeben?“ (Lk 5,21). Sie haben Jesus gekreuzigt, weil er behauptete, dass er Sünder mit Gott versöhnen kann. Diesen Auftrag hat er an seine Apostel weitergegeben.
Gott ist „gnädig und barmherzig“ (Joël 2,13). Diese beglückende Erfahrung wird mir im Beichtgespräch geschenkt. Wer Versöhnung erfahren will, muss bereuen und die Schuld benennen. Reue und Bekenntnis sind Aufgaben des Menschen. Die Vergebung aber kann er sich nicht selbst geben. Ich brauche einen, der mich nicht alleine sitzen lässt mit meiner Schuld und meiner Bitte um Vergebung. Das Wichtigste im Leben wird uns von einem anderen gesagt, die Absolution wird uns vom Priester im Sakrament geschenkt. Und dann kann ich neu ins Leben hinausgehen, kann ganz neu auf den anderen zugehen.
In der Seelsorge spricht man vom „Sakrament der offenen Tür“. Die Zisterziensermönche schrieben im 12. Jahrhundert über ihre Klosterpforten das Wort: „porta patet, cor magis“ – „Die Tür ist offen. Das Herz um so mehr.“
Wer die Gottesberührung nicht scheut, erfährt innere Heilung seiner Lebenswunden. Im Buch Exodus 15,26 heißt es: „Ich bin der Herr, dein Arzt.“ Und der Psalm 147,3 fügt hinzu: „Er heilt die gebrochenen Herzen und verbindet ihre schmerzenden Wunden.“ Durch unsere Wunden hindurch lernen wir, unseren Weg anzunehmen. Ja, dann werden die Narben unserer Wunden zu Augen.

Ihr
Pater Erich Purk

Heilszeit – Heilungszeit

1. Tag · Aschermittwoch

Aschenkreuz – neue Wege wagen

Wort der Schrift

Kehrt um zu mir von ganzem Herzen mit Fasten, Weinen und Klagen. Zerreißt eure Herzen, nicht eure Kleider, und kehrt um zum Herrn, eurem Gott! (Joël 2,12-13, aus der Lesung am Aschermittwoch).

Wort zum Tag

„Das verzeihe ich dir nie!" Ist damit die Feindschaft zwischen zwei Menschen für „alle Ewigkeit" besiegelt? Gibt es dann keinen Neuanfang mehr? Wie offen ist die Zukunft für den Menschen?

Der Philosoph Schopenhauer behauptet: „Der Mensch bleibt derselbe, das ganze Leben hindurch." Wenn wir so festgelegt sind, dann wäre jede Erziehung und Bildung nur wie eine Schönheitsoperation. Unser Bemühen in der Fastenzeit, sich zu wandeln, wäre vergeblich. Der Mensch reflektiert, er unterscheidet, wägt ab und orientiert sich immer wieder neu an Werten und Gesetzen. Das ist ein lebenslanger Lernprozess.

„Kehrt um!" „Bekehret euch!" Diese biblische Herausforderung ist der zentrale Aufruf für Christen am Anfang der Fastenzeit. Christen glauben daran, dass wir unser Leben unter dem Anruf des Evangeliums ändern können. Das ist eine optimistische Sicht unseres Lebens. Auch die Mauern von Hass und Verletzung, die zwischen Menschen und zwischen Völkern errichtet werden, kann man wieder abtragen.

Das Aschenkreuz ist für mich jedes Jahr eine sichtbare Herausforderung, mein Leben zu ändern. Ich verstehe es als Chance, die ich nicht verpassen möchte.

Der Ritus des Aschenkreuzes ist sehr alt. Asche ist das Zeichen der Vergänglichkeit, aber auch das Zeichen der Erneuerung und der Reinigung. Früher hat man in die Wasserlauge Kohlenasche gestreut. Asche reinigt weiße Leinentücher. Nur wer den Weg der Reinigung und Verwandlung mitgeht, wird das Leben gewinnen. Rings um uns wandelt sich alles. Wir werden glück-

lich sein, wenn wir uns den Gesetzen der Wandlung überlassen. Niemand bleibt, wie er ist. Wer festhalten will, was jetzt ist, erstarrt zum Tod.
Heute, am Aschermittwoch, gilt es, neu anzufangen. Es ist vielleicht höchste Zeit. Jetzt, nicht später, nicht irgendwann. Jetzt muss ich mich stellen. Jetzt ist die Zeit, einen Streit zu begraben. Jetzt ist die Zeit, Gedanken der Versöhnung zuzulassen. Jetzt ist die Zeit, aus einer Opferrolle herauszukommen, sich nicht nur selbst zu bedauern.
„Kehr um!" Dein Leben ist zu schade, um im Kerker der Unversöhnlichkeit gefangen und blockiert zu sein.

Wort in den Tag
„Change!" war das Wort von Barack Obama im Wahlkampf zum Präsidenten der Vereinigten Staaten. Das gilt auch heute: „Change!"

2. Tag · Donnerstag

Versöhnung mit Gott

Wort der Schrift

Kehrt um zum Herrn, eurem Gott! Denn er ist gnädig und barmherzig, langmütig und reich an Güte, und es reut ihn, dass er das Unheil verhängt hat … Da erwachte im Herrn die Leidenschaft für sein Land und er hatte Erbarmen mit seinem Volk (Joël 2,13 und 2,18).

Wort zum Tag

Jeder Neuanfang in unserem Leben hängt letztlich von unserem Gottesbild ab. Vor einem strengen Richter müssen wir gut dastehen und glänzen. Vor dem barmherzigen Vater darf ich schwach sein und mich als Sünder bekennen. Der Theologe Karl Rahner schrieb: „Die Umkehr beginnt mit dem Kuss des barmherzigen Vaters." Als der Sohn sein Erbe verlangt und dem Vaterhaus den Rücken kehrt, wendet der Vater sich nicht ab. Er bleibt unter der Tür seines Hauses stehen und hält Ausschau, bis der Sohn zurückkehrt. „Der Vater sah ihn schon von Weitem kommen, und er hatte Mitleid mit ihm. Er lief dem Sohn entgegen, fiel ihm um den Hals und küsste ihn" (Lk 15,20). Dieses Bild sollte man sich merken. Rembrandt hat es einmalig dargestellt. Man nennt dieses Gleichnis auch das Evangelium im Evangelium. Wer wissen will, wie Gott zu uns steht, findet die Antwort in diesem Gleichnis. Der Sohn kann heimkehren, weil er darauf vertraut, dass sein Vater barmherzig mit ihm umgeht.

Versöhnung beginnt mit dem Vertrauen auf einen gnädigen Gott. Der Prophet Joël zitiert in seiner Bußpredigt ein Wort, das in der Offenbarungsgeschichte immer wieder aufklingt. „Er ist gnädig und barmherzig, langmütig und reich an Güte" (Joël 2,13).

Es ist ein Offenbarungswort, das zuerst im Buch Exodus dem Mose übergeben wird. Gott hat am Sinai seinen Bund mit dem Volk Israel geschlossen. Doch sofort bricht das Volk die Treue und tanzt um das goldene Kalb. Gott zürnt und will das Volk vernichten. Mose aber bietet sein Leben als Sühne an. Gott lässt sich versöhnen und gibt dem Mose das Versprechen: „Jahwe ist ein barmherziger und gnädiger Gott, langmütig, reich an Huld und Treue" (Ex 34,6). Dieses Wort aus dem Buch Exodus wird in den Schriften der Bibel immer wieder aufgegriffen.

Die Grundmelodie, die sich durch die ganze Verkündigung zieht, heißt: „Gott ist gnädig, barmherzig, langmütig und reich an Huld." Tief hat sich diese Selbstoffenbarung Gottes im Bewusstsein des auserwählten Volkes eingeprägt.

So heißt es in Psalm 86,15:

> „Du aber, Herr, bist ein barmherziger und gnädiger Gott, du bist langmütig, reich an Huld und Treue."

Im Psalm 116,5 spricht der Beter:

> „Der Herr ist gnädig und gerecht, unser Gott ist barmherzig."

Psalm 103,8 ruft aus:

> „Der Herr ist barmherzig und gnädig, langmütig und reich an Güte."

Und noch einmal wiederholt der Psalm 145,8:

> „Der Herr ist gnädig und barmherzig, langmütig und reich an Gnade."

Wenn die Propheten zur Buße und Umkehr aufrufen, verkünden sie zugleich die Barmherzigkeit Gottes.

Im Buch Jona wird erzählt, dass der Prophet Jona unwillig ist. Er ärgert sich, dass Gott sich über Ninive erbarmt hat. Jona hatte den Bewohnern von Ninive Strafe und Vernichtung gepredigt. Gott aber lässt Güte walten. Jona fühlt sich betrogen. Verärgert schleudert er Gott entgegen: Das habe ich ja gleich gewusst, darum hatte ich auch keine Lust an dem ganzen Unternehmen meiner Bußpredigt, „denn ich wusste, dass du ein gnädiger und barmherziger Gott bist, langmütig und reich an Huld und dass deine Drohungen dich reuen" (Jona 4,2).

In Jesus ist die Güte und Barmherzigkeit Gottes zur Person geworden. Christen glauben, dass Jesus uns durch seinen Tod und seine Auferstehung mit Gott versöhnt hat. Jesus bittet sogar am Kreuz seinen Vater um Nachsicht und Versöhnung: „Vater, vergib ihnen, denn sie wissen nicht, was sie tun!" (Lk 23,34). Die Lehre der Versöhnung von Gott und Mensch durch Jesus Christus wird als Erlösungslehre (Soteriologie) bezeichnet. „Wenn aber einer sündigt, haben wir einen Beistand beim Vater: Jesus Christus, den Gerechten. Er ist die Sühne für unsere Sünden, aber nicht nur für unsere Sünden, sondern auch für die der ganzen Welt" (1 Joh 2,1-2). Jesus ist das Lamm Gottes, das hinwegnimmt die Sünden der Welt. (Siehe Karwoche)

Wort in den Tag

„Gott ist gnädig und barmherzig." Das soll für heute mein „Ohrwurm" sein. Ich will es mir in Gedanken öfters vorsagen. Es wird am Abend in das „Jesusgebet" münden: „Herr Jesus, Sohn Davids, erbarme dich meiner!"

3. Tag · Freitag

Versöhnung mit dem Nächsten

Wort der Schrift

Wenn jemand sagt: Ich liebe Gott!, aber seinen Bruder hasst, ist er ein Lügner. Denn wer seinen Bruder nicht liebt, den er sieht, kann Gott nicht lieben, den er nicht sieht. Und dieses Gebot haben wir von ihm: Wer Gott liebt, soll auch seinen Bruder lieben (1 Joh 4,20f.).

Wort zum Tag

Eindeutiger kann man es nicht ausdrücken. Gottes- und Nächstenliebe gehören zusammen. Religion ist nicht als fromme Tröstung der Seele zu haben. Wer Gott liebt, muss auch seinen Bruder und seine Schwester lieben. Sonst ist er ein Lügner. Wer bei Gott eintaucht, taucht beim Menschen wieder auf. Der Blick nach oben wird zum Seitenblick. Christen sind keine Einsiedler, die sich in die Höhle frommer Meditation zurückziehen können. Die Meditation wird gestört durch den Menschen, mit dem wir noch unversöhnt leben. „Wenn du deine Opfergabe zum Altar bringst und dir dabei einfällt, dass dein Bruder etwas gegen dich hat, so lass deine Gabe dort vor dem Altar liegen; geh und versöhne dich zuerst mit deinem Bruder, dann komm und opfere deine Gabe“ (Mt 5,23f.).
Schon Israel betonte, dass die Versöhnung mit Gott dadurch erreicht wird, dass wir uns miteinander versöhnen. „Der Versöhnungstag (Jom Kippur) befreit von Sünden gegen Gott und von Sünden gegen den Nächsten, aber erst nachdem die geschädigte Person um Verzeihung gebeten worden ist“, heißt es im Talmud, dem jüdischen Gesetzbuch.
Im ersten Buch der Bibel (Gen 4,9) wird Kain, der seinen Bruder erschlagen hat, gefragt: „Wo ist dein Bruder Abel?“ Er entgegnete: „Ich weiß es nicht. Bin ich der Hüter meines Bruders?“ Ja, wer vor Gott bestehen will, muss den Bruder und die Schwester, muss den Mitmenschen im Blick haben. Versöhnung bleibt deshalb eine lebenslange Aufgabe. Wenn noch Feindschaft und

Hass zwischen uns ist, kann mein Gebet und der Gottesdienst nicht wahrhaftig sein.
Um mit den anderen im Frieden zu leben, brauche ich das verzeihende Wort, das erlösende Zeichen, den Handschlag, die Umarmung, den Gruß des anderen. Das wichtigste Wort im Leben kann der Mensch sich selbst nicht sagen. Das empfängt er vom anderen. Wer versöhnt mit anderen lebt, wird Frieden finden mit sich selbst und auch mit Gott.

Wort in den Tag
Es ist sprichwörtlich: Man kann den Ärger in sich „hineinfressen". Wer unversöhnt lebt, kompensiert oft die inneren Spannungen, indem er viel isst. Der Versuch, Versöhnung mit sich und den anderen zu finden, ist auch ein Weg, sein Gewicht zu regulieren. Versöhnt leben, macht schön.

4. Tag · Samstag

Versöhnung mit sich selbst

Wort der Schrift

Gott ist treu, er bürgt dafür, dass unser Wort euch gegenüber nicht Ja und Nein zugleich ist. Denn Gottes Sohn Jesus Christus, der euch durch uns verkündigt wurde, ist nicht als Ja und Nein zugleich gekommen; in ihm ist das Ja verwirklicht. Er ist das Ja zu allem, was Gott verheißen hat (2 Kor 1,18-20).

Wort zum Tag

Nur wenn ich mit mir selbst versöhnt bin, bin ich fähig, anderen zu vergeben. Darum ist der eigene, innere Frieden so wichtig. Wer mit seiner eigenen Lebensgeschichte versöhnt leben kann, wird seine Rachegefühle und seinen Zorn überwinden. Die Wunden werden langsam heilen. Man wird sich nicht mehr in der Opferrolle gefallen. Aus der Versöhnung kommt die Kraft, anderen zu vergeben.
Versöhnung ist etwas anderes als die Schutzbehauptung eines Buchtitels „Ich bin okay, du bist okay". Nein, ich bin nicht okay! Jeder hat „eine Leiche in seinem Keller begraben", sagt ein Sprichwort. Die Fassade meines Lebenshauses mag noch so glänzen. Im Keller sind die unbewältigten Probleme und die unversöhnten Ereignisse versteckt. Es verlangt von jedem Mut, in seinen Keller hinabzusteigen und Licht in das Dunkel zu bringen. Heilen, was verwundet ist, das meint „Versöhnung mit sich selbst".
Aber vielleicht war mein Weg so schwierig, dass ich mich an ihn nicht mehr erinnern mag. Pannen und Schlaglöcher haben meinen Weg entstellt. Ich mag ihn wirklich nicht, weil ich mich damit nicht versöhnen kann.
„Hab deinen Weg lieb, denn er ist der Weg des Lebens", hat Sören Kierkegaard gesagt. Aber mogle nicht! Die Wahrheit macht frei. Das Geheimnis der eigenen Lebensgeschichte zu entdecken und zur Entfaltung zu bringen, ist unser Auftrag – das Abenteuer unseres Lebens. Es geht weit über das hinaus, was wir planen und ins Werk setzen können. Das Wichtigste im

Leben können wir uns nicht selber sagen. Das bekommen wir gesagt.
Ich bin nicht okay. Und deshalb ist es mir so wichtig, von einem zu erfahren, dass er mich nicht abschreibt, dass er zu mir steht und mir seine Versöhnung anbietet. Ob ich jung bin oder hochbetagt, erfolgreich oder ein Pechvogel, leichtsinnig oder durch eine tiefe Verletzung gezeichnet. „Liebe deine Geschichte", sagt Leo Tolstoi. „Sie ist der Weg, den Gott mit dir geht."
In einem Lied heißt es: „Sag Ja zu mir, wenn alles Nein sagt ... Denn wenn du Ja sagst, kann ich leben." Es ist wichtig für mich, ob ich daran glauben kann, dass Gott mich annimmt und bejaht, so wie ich bin. Gott hat Ja zu mir gesagt! Gottes endgültiges Ja zu uns ist Jesus Christus. Kann man es literarisch kürzer und theologisch eindeutiger sagen als der Apostel Paulus: „Denn Gottes Sohn Jesus Christus ... ist nicht als Ja und Nein zugleich gekommen; in ihm ist das Ja verwirklicht. Er ist das Ja zu allem, was Gott verheißen hat" (2 Kor 1,19f.).
Es ist gewiss nicht einfach, diese Worte in einer Welt zu hören, die voller Stimmen ist, die schreien: Du taugst zu nichts, du bist hässlich, du bist unnütz – oder beweise gefälligst das Gegenteil! Diese negativen Stimmen sind so laut und durchdringend, dass wir ihnen nur allzu schnell Gehör schenken. Wir sind dann verbittert und mit uns selbst unversöhnt.
Gott sagt nicht Nein. Christus ist sein unwiderrufliches Ja. Wo Menschen sagen: verloren, da sagt Jesus: gefunden. Wo Menschen sagen: gerichtet, da sagt er: gerettet. Wo Menschen sagen: Nein, da sagt Jesus: Ja.

Wort in den Tag:
Sag Ja zu dir, so wie du bist! Denn einer hat dich längst bejaht. Nur wer barmherzig mit sich ist, kann den Nächsten lieben wie sich selbst.

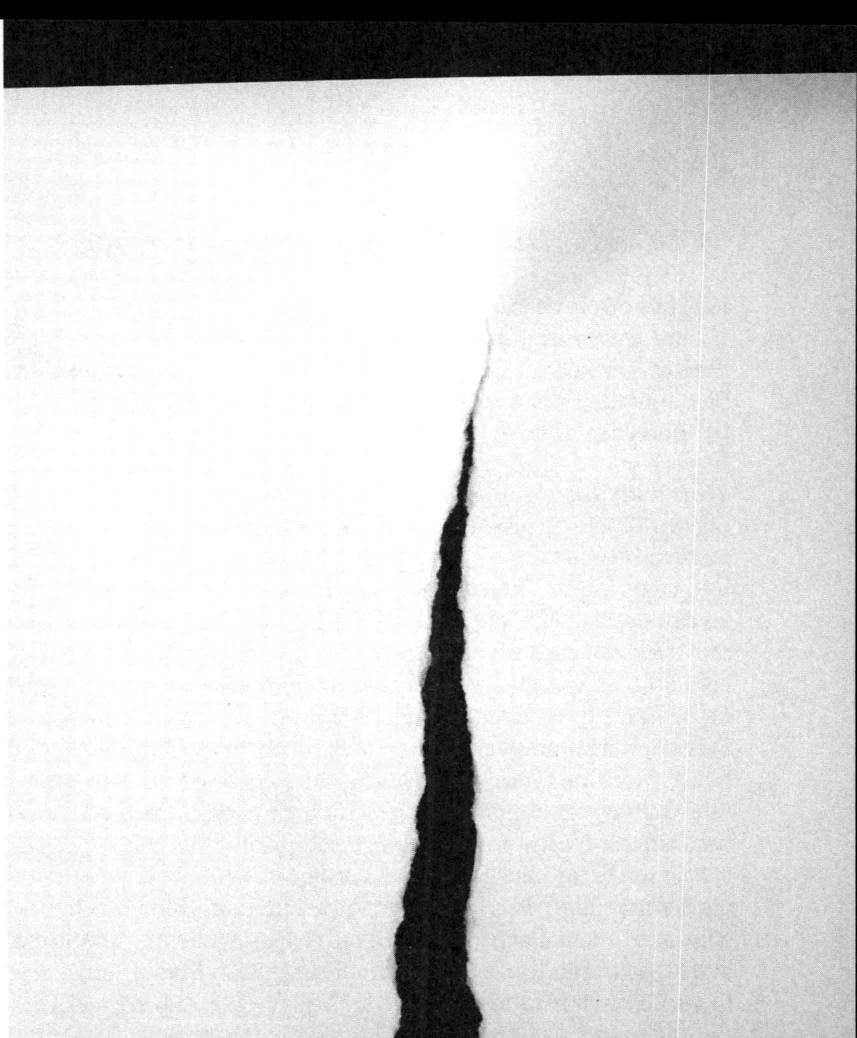

Ist Versöhnung möglich?

5. Tag · Montag

Wie oft muss ich vergeben?

Wort der Schrift
Da trat Petrus zu ihm und fragte: Herr, wie oft muss ich meinem Bruder vergeben, wenn er sich gegen mich versündigt? Siebenmal? Jesus sagte zu ihm: Nicht siebenmal, sondern siebenundsiebzigmal (Mt 18,21f.).

Wort zum Tag
Dieses Bibelwort überfordert mich total. Nicht sieben, sondern siebenundsiebzigmal?
Verzeihen ohne Grenzen? Wer kann das schon? Ich kenne Situationen, da sage ich ganz andere Worte: „Das verzeihe ich dir nie!" „Ich will dich nicht mehr sehen." „Verschwinde aus meinem Leben!" Die Mauer der Trennung wächst Stein auf Stein. Nur ist nicht klar, ob ich mich dabei selbst einmauere und isoliere.
Eines der Hauptanliegen im Alten und im Neuen Testament heißt: verzeihen und versöhnen. Versöhnung mit sich selbst und seiner eigenen Lebensgeschichte, Versöhnung mit Gott und den anderen ist das Anliegen der biblischen Botschaft fast auf jeder Seite dieses Buches. Religion und Glaube streben nach Liebe und verabscheuen den Hass, trachten nach Versöhnung, nicht Rache, üben Barmherzigkeit, nicht Vergeltung. Seit Jahrhunderten waren Vergebung und Versöhnung das besondere Bemühen der Glaubensverkündigung. Offensichtlich sind die Kirchen mit den Ritualen und Sakramenten der Versöhnung in die Krise geraten. Die Psychologen und Therapeuten scheinen heute in die Bresche zu springen. Die psychologischen Veröffentlichungen zum Thema Vergebung und Versöhnung haben in den letzten Jahren stark zugenommen.
Und was lehren sie uns? Hass und Rache helfen nicht weiter. Vergeben ist Selbstheilung der Seele. Bei Untreue des Partners ist Vergeben wie ein Selbstschutz. Wer nicht vergeben kann, schadet sich selbst. Wer verzeihen kann, lebt trotz gebrochenem Herzen glücklicher und gesünder.

Der Psychotherapeut Ralf Debus schreibt: „Der Körper ist ein Resonanzboden unserer Gefühle. Ungebrochene Wut führt zu einem ständig angespannten Muskeltonus." Bitterkeit und Wut binden Energien, die sonst unser Schicksal verändern könnten. In Nordirland zum Beispiel fanden Forscher bei Eltern von ermordeten Kindern heraus, dass diejenigen Eltern, die gelernt hatten zu vergeben, wesentlich weniger unter psychosomatischen Störungen, Kopfschmerzen oder Magenbeschwerden litten.
„Bei der Vergebung wird das Recht auf Vergeltung abgegeben", sagt der Psychologe Carl Thorensen von der Stanford Universität, Kalifornien. Vergeben ist dabei eine einseitige Handlung und meint nicht zuerst die Versöhnung mit dem feindlichen Anderen. Wer sich als Opfer empfindet, muss zuerst seine Verwundung akzeptieren und sein Streben nach Vergeltung aufgeben. Vergeben ist ein innerer Befreiungsakt.
Das Bemühen vieler Seelsorger um Vergebung wird heute von Psychologen und Therapeuten unterstützt. Die Antwort Jesu bleibt auch heute gültig: „Herr, wie oft muss ich meinem Bruder vergeben, wenn er sich gegen mich versündigt? Siebenmal? Jesus sagte zu ihm: Nicht siebenmal, sondern siebenundsiebzigmal" (18,21f.).

Wort in den Tag

Vergeben ist Selbstheilung der Seele. Wenn „vergeben" so wichtig in unserem Leben ist, dann ist es sinnvoll, sich in dieser Fastenzeit einmal mit dem Thema auseinanderzusetzen.

6. Tag · Dienstag

Frei für einen Neuanfang

Wort der Schrift

Dann werdet ihr die Wahrheit erkennen und die Wahrheit wird euch befreien (Joh 8,32).

Wort zum Tag

„Vor fünf Jahren wurde ich geschieden. Wie mein Mann mich und die beiden Kinder damals behandelte, kann ich nicht vergessen. Bitterkeit und Hass steigen immer wieder in mir auf. Die Wunde schmerzt noch immer." Solche Worte höre ich als Seelsorger öfters. Versöhnung ist ein langer Weg. Das Herz fühlt sich verraten. Alles schreit: Warum hast du mir das angetan? Bitterkeit und Hass ziehen in die Seele ein. Groll und Wut vergiften die Gefühle. „Ich kann ihm nicht verzeihen!"

Da muss doch endlich „Gras drüber wachsen", meint man manchmal. Aber ich habe in der Seelsorge erfahren, dass Verzeihen und Vergeben ein sehr persönlicher Weg ist und viel Zeit braucht. Keiner darf den anderen zum Verzeihen drängen. Vergebung kann man nicht verordnen. Die Verletzungen schmerzen oft noch zu sehr. Verzeihen ist keine Pflicht, die man abarbeiten muss. Wir sind keinem die Vergebung schuldig. Tiefe Wunden heilen nur langsam.

Und dennoch kann das nicht das letzte Wort sein: „Das kann ich dir nie mehr verzeihen!" Damit blockiert man sein eigenes Leben, verbaut sich durch Hass seine eigene Zukunft, schadet sich also selber.

Einer, der sich endlich zur Vergebung durchgerungen hatte, meinte: „Der Zorn, der mich lange Zeit umgetrieben hat, hilft weder mir noch den anderen weiter. Wenn ich mit Hass- und Rachegedanken lebe, zerstöre ich mich selbst. Im Rückblick erkenne ich das sehr deutlich."

Eine Frau, deren Tochter bei einem Attentat umkam, sagte: „Als ich endlich in der Lage war zu verzeihen, da fiel eine Last von meinen Schultern! Seitdem ist Frieden in meine Seele eingekehrt."

Eine Psychotherapeutin schrieb: „Hass bindet. Solange man hasst, hat die Vergangenheit unsere Gegenwart unheilvoll im Griff!" Aus ihrer Sicht meint Verzeihen deshalb auch: „Aufhören zu hassen. Denn mit dem Hass raubt man sich selber die Freiheit. Hass nährt die Rachsucht. Rache fordert neue Rache. Diesem Teufelskreis kann man nur schwer entfliehen" (Verena Kast[1]).

Wort in den Tag

Verzeihen entlastet. Verzeihen macht frei und durchbricht den Teufelskreis von Hass und Rache. Verzeihen löst die eigenen Blockierungen und eröffnet eine neue Zukunft.
Ob es am Anfang der Fastenzeit für mich wichtig ist, meine oft versteckten Hass- und Rachegefühle anzuschauen?

7. Tag · Mittwoch

„*Das verzeihe ich dir nie*“

Wort der Schrift

Während er sie hinaus ins Freie führte, sagte er: Bring dich in Sicherheit, es geht um dein Leben. Sieh dich nicht um und bleib in der ganzen Gegend nicht stehen! Rette dich ins Gebirge, sonst wirst du auch weggerafft … Als die Sonne über dem Land aufgegangen und Lot in Zoar angekommen war, ließ der Herr auf Sodom und Gomorra Schwefel und Feuer regnen, vom Herrn, vom Himmel herab. Er vernichtete von Grund auf jene Städte und die ganze Gegend, auch alle Einwohner der Städte und alles, was auf den Feldern wuchs. Als Lots Frau zurückblickte, wurde sie zu einer Salzsäule (Gen 19,17.23-26).

Wort zum Tag

Menschen verletzen, betrügen und belügen. Sie kränken und werden gekränkt. Sie schlagen tiefe Wunden in der Seele des anderen und bleiben selbst nicht verschont. Einmal ist man Täter, ein anderes Mal Opfer. Vergessen und verdrängen heilt die Wunden nicht. Aber „Wer nicht verzeiht, bleibt stehen, auch in seiner persönlichen Entwicklung, weil er in der Opferrolle stecken bleibt“ (Beate Weingardt).

Wer vergibt, löst sich von seiner Opferrolle. Er sprengt das Gefängnis seiner Bitterkeit. Vergebung ist eine innere Befreiung. Und wer auf Dauer nicht verzeihen kann, bestraft sich selber. Warum?

Wer vergibt, gibt etwas auf, den Grund seines Zornes und seiner Wut. Er lässt die Last, die er mit sich schleppt, los. Sonst muss er sie nachtragen. Das Nachtragen schadet uns selber und bringt Nachteile. Beate Weingardt nennt drei Nachteile:

1. Eine starke, seelische Anspannung bestimmt das Verhältnis zu der Person, welcher man nicht vergeben kann. Man ist nicht frei und entspannt.
2. So wie man sich in Liebe an eine Person gebunden fühlen kann, so bindet auch das Gefühl des Hasses. Mit seinen Gedanken und Gefühlen kreist man um den anderen.

3. Solange man nicht vergibt, grübelt man über die Vergangenheit nach. Man schaut immer wieder zurück. Das bedeutet, es fehlt der Blick für die Gegenwart und man blockiert seine Zukunft.
Im Alten Testament kann die Frau des Lot ihren Blick nicht von Sodom und Gomorra lösen. Sie schaut zurück und erstarrt zur Salzsäule. Die Wunden, die meine Seele verletzen, können am Anfang so groß sein, dass ich wie gelähmt bin. Der Schock macht mich unfähig zu reagieren. Ich bin wie traumatisiert. Meine Welt ist zusammengebrochen. Das Selbstwertgefühl ist am Boden zerstört. Alles schreit nach Wiedergutmachung. Ich erstarre zur Salzsäule. Dann muss ich mich selbst schützen. Ich brauche Abstand.
Vielleicht muss man sich selbst vor der Kränkung in Sicherheit bringen. Das aber braucht Zeit, viel Zeit. Und die Zeit heilt nicht alle Wunden. Die Wunden vernarben zwar allmählich, aber sie können immer wieder neu aufbrechen.
Irgendwann muss ich damit beginnen, die Erlebnisse aufzuarbeiten. Vergebung meint nicht beschwichtigen, verharmlosen, bagatellisieren. Es heißt eben nicht: „Schwamm drüber".
„Wenn ich etwas mit mir herumtrage, muss ich mich entscheiden: Trage ich es weiter mit mir herum oder gebe ich es ab? Diese Entscheidung muss man bewusst treffen. Dann geht die Versöhnungsarbeit erst richtig los" (Beate Weingardt[2]).

Wort in den Tag
Welche Schritte habe ich schon getan, mich mit der eigenen Schattengeschichte zu versöhnen oder einem, der an mir schuldig geworden ist, zu vergeben? Bin ich dabei gescheitert?

8. Tag · Donnerstag

Vergebung ist der erste Schritt

Wort der Schrift
Bleib fern dem Streit, dann verringerst du die Zahl der Sünden; denn ein jähzorniger Mensch entfacht Streit. Ein sündiger Mensch bringt Freunde durcheinander, / zwischen friedliche Leute schleudert er Zwietracht. Je nach dem Brennstoff flammt das Feuer auf, je nach dem Einfluss wächst der Streit. Je nach der Macht eines Menschen wütet sein Zorn, je nach dem Reichtum steigert er seine Wut. Ein schneller Funke entzündet das Feuer, ein schneller Streit führt zu Blutvergießen.
Bläst du den Funken an, flammt er auf; spuckst du darauf, so erlischt er: Beides kommt aus deinem Mund (Sir 28,8-12).

Wort zum Tag
„Verzeihen ist die Voraussetzung für Versöhnung. Vergebung und Versöhnung sind zweierlei. Vergebung ist eine persönliche Handlung dessen, dem Unrecht getan wurde; sie hängt weder von der Bitte um Vergebung noch von irgendeiner anderen Reaktion des Schuldigen ab" (Rita Wismann-Baratto). Ohne Vergebung ist der Weg zu echter Versöhnung unmöglich.
Versöhnung dagegen ist ein gegenseitiger Akt. An ihm ist sowohl derjenige beteiligt, der das Unrecht begangen hat, als auch der, dem Unrecht geschehen ist. Wir sind dafür verantwortlich, alles zu tun, um die Beziehung wiederherzustellen, aber wir können den anderen nicht dazu zwingen. Es mag Situationen geben, wo wir ihn am besten „in Ruhe lassen" und nicht versuchen, uns aufzudrängen.
Vergebung bedeutet nicht, zu sagen, dass das, was der andere getan hat, in Ordnung war. Die Sünde wird nicht entschuldigt. Das Schlimme, das geschehen ist, wird nicht kleingeredet. Vergebung erkennt die Schuld an, aber sie vergibt dem, der sich schuldig gemacht hat.
Vergeben meint weder Vergessen noch ein Für-nichtig-Erklären. Vielmehr ist Vergebung ein Geschehen, zu dem das Bekennen

der eigenen Schuld, die Umkehr und die Übernahme von Verantwortung gehört.
Wenn ich versöhnter leben möchte, beginnt es immer bei mir selbst. Ich muss lernen zu verzeihen. Ich brauche nicht auf die Entschuldigung des anderen zu warten. Zuerst geht es um meine Bereitschaft, den Weg des Verzeihens zu betreten.
Der Prozess der Vergebung verläuft ähnlich wie bei der Trauerarbeit über viele Stufen. Am Anfang sind wir von dem Gefühl der Wut und Rache besetzt. Man will dem anderen alles heimzahlen. Allmählich erkennt man den Anteil, den man selbst verschuldet hat. Die Selbsterkenntnis ist ein wichtiger Schritt. Man erkennt die eigenen dunklen Seiten und akzeptiert sich so. Das bedeutet nicht, das Verhalten des Täters zu beschönigen. Das Opfer leidet noch immer an dem Verrat. Aber ich gestehe auch dem anderen zu, dass er ein Recht darauf hat, ein anderer zu werden. Ich sehne mich nach einem neuen Anfang. Nur wer vergibt, befreit sich aus der Klammer der Rache und Kränkung. Wir geben unsere Opferrolle auf und werden wieder handlungsfähig.
Nicht der „Täter" soll verurteilt werden, sondern die Tat. Die an mir begangene Schuld wird immer bestehen bleiben. Niemand kann sie ungeschehen machen. Aber ich kann lernen, mich anders an diese Schuld zu erinnern – mit der Folge, dass es mir besser geht. Genau das ist das subjektive Ziel der Vergebung: Ich schenke jemandem meine Vergebung und verbessere damit auch mein eigenes körperliches und psychisches Wohlbefinden – und ich überlasse es Gott selbst, wie er weiter mit meinem „Täter" verfahren will!

Wort in den Tag

Bin ich öfters „Brandstifter" oder eher „Feuerwehr"? „Bläst du den Funken an, flammt er auf; spuckst du darauf, so erlischt er: Beides kommt aus deinem Mund."

9. Tag · Freitag

Die Zeit heilt nicht alle Wunden

Wort der Schrift

Dann wieder habe ich alles beobachtet, was unter der Sonne getan wird, um Menschen auszubeuten. Sieh, die Ausgebeuteten weinen und niemand tröstet sie; von der Hand ihrer Ausbeuter geht Gewalt aus und niemand tröstet sie. Da preise ich immer wieder die Toten, die schon gestorben sind, und nicht die Lebenden, die noch leben müssen. Glücklicher aber als beide preise ich den, der noch nicht geworden ist, der noch nicht das schlimme Tun gesehen hat, das unter der Sonne getan wird (Koh 4,1-3).

Wort zum Tag

„Wie kann ich bloß damit leben? Ich weiß nicht, wie ich mit diesem furchtbaren Erlebnis fertig werden kann. Ich fühle mich schmutzig und wertlos!" Solche verzweifelten Aussagen habe ich oft bei meiner zehnjährigen Tätigkeit als Leiterin einer kantonalen Opferberatungsstelle in der Schweiz von vergewaltigten und missbrauchten Frauen gehört. Hinter diesen Fragen steht immer auch die Frage der Versöhnung mit der Lebensgeschichte und mit sich selber.

Antworten auf diese Fragen sind nicht einfach zu geben. Man kann nur ganz vorsichtig in Gesprächen und in einem persönlichen Verarbeitungsprozess an eine Versöhnung herangehen.

Das Wissen, dass die persönliche Biografie nicht rückgängig gemacht werden kann und dass das, was passiert ist, dazugehört, steht am Anfang. Man beginnt ganz behutsam, das Erlebte und Erlittene in das Leben zu integrieren und als Teil der Lebensgeschichte anzunehmen. Nur so kann es gelingen, sich wieder lebendig zu fühlen und am Leben teilhaben zu können. Das heißt aber nicht, die große Tragik der Erfahrung damit zu bagatellisieren. Es heißt, sich wieder als Ganzes wahrzunehmen, um so zu gesunden und Heilung zu erfahren. Nur wenn ich mich mit meiner Lebensgeschichte ausgesöhnt habe, kann ich mich mit mir selber versöhnen.

Solche Worte tönen einfach und leicht. Trotzdem ist es etwas vom Schwersten, was wir tun müssen. Wie kann ich vergessen, wie kann ich es verarbeiten und nicht nur verdrängen und wie mich damit versöhnen?
Es gibt kein Rezept, wie man dies tun kann. Es besteht auch immer die Möglichkeit, dass es nicht wirklich gelingt. Aber der Versuch und die Auseinandersetzung damit, kann ein Stück Heilung bringen. Es gibt immer nur ein langsames, vorsichtiges Sichannähern.
Wichtig scheint mir dabei, sich immer bewusst zu machen, dass ich das Tempo, in dem ein solcher Prozess stattfindet, nicht wirklich selber bestimmen kann. Ich darf mich nicht drängen lassen von gut gemeinten Worten wie: „Jetzt solltest du es doch endlich überwunden haben." Es ist mein Leben und meine Geschichte und die läuft in ihrem ureigenen Tempo, und ob es gelingt, liegt nicht allein in meiner Verfügung. Manchmal kann das Gebet und das Aufgefangensein in Gottes unendlicher Liebe eine Brücke dazu sein.
Immer wieder werden die Opfer auch vom Täter bedrängt, ihm zu verzeihen. Das ist nicht unmöglich. Es ist jedoch vor der Versöhnung des Opfers mit seiner Geschichte und mit sich selber nicht realistisch und kaum hilfreich. Im Gegenteil. Der Täter muss aushalten, dass die Möglichkeit besteht, nie eine Vergebung des Opfers zu erfahren. So bleiben ihm nur die Auseinandersetzung mit seiner Tat und der Weg der Versöhnung mit sich selber.
Die Zeit heilt nicht alle Wunden. Sie lehrt uns aber, mit dem Unbegreiflichen zu leben. Unsere Würde liegt in unserer Begrenztheit. Kennzeichen unseres Menschseins liegt in unserer Gebrochenheit. *(Rita Wismann-Baratto*[3]*)*

Wort in den Tag

Wer den Weg der Versöhnung betritt, muss zuerst viel Geduld mit sich selbst haben. Er muss seine Rachegefühle in den Griff bekommen und innerlich verzeihen können. Bin ich einer, der zuerst fordert, dass der andere Reue zeigt und sich entschuldigt?

10. Tag · Samstag

Weh dem, der nicht verzeihen kann

Wort der Schrift

Du bist mein Gott. Sei mir gnädig, o Herr! Den ganzen Tag rufe ich zu dir. Herr, erfreue deinen Knecht; denn ich erhebe meine Seele zu dir. Herr, du bist gütig und bereit zu verzeihen, für alle, die zu dir rufen, reich an Gnade. Herr, vernimm mein Beten, achte auf mein lautes Flehen! Am Tag meiner Not rufe ich zu dir; denn du wirst mich erhören (Ps 86,3-7).

Wort zum Tag

Wie wichtig für die Menschen heute das Thema „Vergeben – Verzeihen" ist! In Gesprächen, in Beratungsstellen, selbst im Internet, suchen sie Hilfe und Gesprächspartner. Im Internet beschreibt zum Beispiel jemand sehr offen sein Problem bei einem Besuch auf dem Friedhof:

„Ich war heute auf dem Friedhof, um das Grab meines Vaters zu besuchen. Dort trafen wir den jüngsten Bruder meines Vaters, der jetzt ganz allein übrig geblieben ist. Er hat uns so viel angetan und unser aller Leben beeinflusst. Es würde zehn Seiten füllen, um alles aufzuführen. Aber meine Lebensdevise ist verzeihen, was ich auch meinen Kindern mit auf den Weg gegeben habe. Jedenfalls hat dieser Onkel fast nur geweint und uns um Verzeihung gebeten für all das, was er uns angetan hat. Meine Tochter war wahnsinnig erstaunt, dass dieser Onkel all das, was wir ihm stumm vorgeworfen haben – es wurde nie mit ihm darüber gesprochen –, eingesehen hat und die Dinge, die er meinem Vater angetan hat, sehr bereut. Ja, ich habe seine Entschuldigung angenommen. Er ist jetzt 85 Jahre alt und hat niemanden mehr, mit dem er sich aussprechen kann. Seine Frau war die letzten fünf Jahre vor ihrem Tod blind und er hat sie gepflegt. Seine Tochter hat ihren Mann mit 50 Jahren verloren. Meine Geschwister sind hart. Sie wollen keinen Kontakt mit ihm, was ich verstehen kann. Wenn ich daran denke, wie eiskalt er sich ein Leben lang uns gegenüber verhalten hat, und jetzt bittet so ein großer Egoist um Verzeihung. Ich schwanke noch, ob es wirklich verzeihbar ist, was er und seine Familie meinen Eltern angetan haben."

Am Schluss stand die Bitte um Rat und Antwort. Es wurden erstaunlich viele Antworten dazu verfasst, zum Bespiel diese:

„Vergessen kann man so etwas sicher nicht, aber die Bitte um Vergebung ist anzuerkennen und vielleicht kannst du ja doch Frieden schließen. Vielleicht kannst du das angetane Unrecht nicht vergessen, aber versuche zu verzeihen. Was geschehen ist, kann man nicht mehr rückgängig machen. Aber schließe mit der Vergangenheit ab, das ist vor allem für deinen Seelenfrieden gut." Oder:

„Ich hatte selbst mit einer ähnlichen Situation zu kämpfen, ob ich verzeihen soll oder nicht. Lange Zeit schleppte ich diesen ‚Ballast' mit mir herum. Erst als ich einiges über dieses Thema gelesen hatte, wurde mir klar, dass ich nicht wirklich diesen Menschen mit meiner Unverzeihlichkeit geschadet hatte, sondern nur mir selbst. Es gibt auch im Internet interessante Texte, die dir weiterhelfen können: … ‚Wir glauben unbewusst, den anderen damit zu bestrafen, dass wir ihm oder ihr nicht vergeben. Wir möchten uns für die erlittenen Schmerzen, die Scham oder die gefühlte Demütigung rächen. Ein Bedürfnis, das zwar menschlich und nachvollziehbar, aber leider nicht nützlich oder Erfolg versprechend ist …'

Natürlich kann es eine Strafe für den anderen sein, wenn wir nicht bereit sind, ihm oder ihr zu vergeben. Aber wir übersehen dabei, dass wir am meisten uns selbst bestrafen, wenn wir nicht verzeihen können. Wir verurteilen uns nämlich dadurch dazu, nicht vergessen zu können. Wir halten die Gedanken an das, was uns angetan wurde, wach und somit auch den Schmerz …

Die Fähigkeit, verzeihen zu können, hingegen ermöglicht es, dass die Wunden heilen können. Es geht darum, endlich loszulassen und uns somit von dem, was uns angetan wurde, zu befreien. Das bringt Erleichterung …

Verzeihen ist ein Akt der aktiven Lebensgestaltung, denn wir übernehmen damit Eigenverantwortung. Wer verzeiht, lässt nicht zu, dass andere Menschen oder Ereignisse das eigene Leben dauerhaft beeinflussen können. Wer vergeben kann, öffnet sich für Neues.'"[4]

Wort in den Tag

Habe ich einen Gesprächspartner, eine Gesprächspartnerin, um mich auszusprechen? Das könnte wichtig sein auf dem Weg zur Versöhnung.

Wege der Versöhnung

11. Tag · Montag

Sündenböcke befreien nicht

Wort der Schrift

Als sie Gott, den Herrn, im Garten gegen den Tagwind einherschreiten hörten, versteckten sich Adam und seine Frau vor Gott, dem Herrn, unter den Bäumen des Gartens. Gott, der Herr, rief Adam zu und sprach: Wo bist du? Er antwortete: Ich habe dich im Garten kommen hören; da geriet ich in Furcht, weil ich nackt bin, und versteckte mich. Darauf fragte er: Wer hat dir gesagt, dass du nackt bist? Hast du von dem Baum gegessen, von dem zu essen ich dir verboten habe? Adam antwortete: Die Frau, die du mir beigesellt hast, sie hat mir von dem Baum gegeben und so habe ich gegessen. Gott, der Herr, sprach zu der Frau: Was hast du da getan? Die Frau antwortete: Die Schlange hat mich verführt und so habe ich gegessen (Gen 3,8-13).

Wort zum Tag

Nicht ich – du bist schuld! Schon Kinder verschieben gern das Versagen auf den anderen. Die Mechanismen der Schuldverschiebung funktionieren peinlich genau. Den eigenen Schuldanteil erforscht man gar nicht. Man wäscht sich die Hände in Unschuld. So wurden und werden Sündenböcke gesucht und hingerichtet.

Das „Kreuzige ihn!" der Juden vor Pilatus wird in vielen Sprachen gerufen. Wenn man den Sündenbock gefunden und ihn beseitigt hat, ist man wieder im Gleichgewicht. Schon Adam und Eva verschieben die Schuld von einem auf den anderen. Adam beschuldigt Eva und Eva die Schlange.

Schuld sind immer die anderen. Die Erfolge schreiben wir uns zu, die Misserfolge den anderen. Innerlich beschuldigen wir andere und machen ihnen Vorwürfe für das, was sie uns angetan haben. In uns ist Ablehnung und Bitterkeit. In dieser Opferhaltung könnten wir lange warten, bis dieses „Tut mir leid!" von anderen ausgesprochen wird. Manche geben heute ihren Eltern die Schuld an ihren gesundheitlichen Beeinträchtigungen. Aber Schuldzuweisungen verändern nichts.

Der Psychoanalytiker Jörg Bopp schreibt: „Die Therapie stößt auf verbissene Widerstände, wenn sie sich nicht nur auf das konzentriert, was dem Patienten angetan wurde, sondern auch aufdecken will, was er selbst getan hat."[5] Bopp meint, der Therapeut müsse zu viel Zeit aufwenden, um die Klagen und Beschwerden des Patienten anzuhören über die Bosheit der Mitmenschen. Er schreibt: „Unter der infantilen Devise ‚Die Eltern sind an allem schuld' darf nicht danach geforscht werden, ob und wo die Patienten ihre Eltern auch manipuliert haben."
Der Opfer-Mythos erlaubt den Blick in den Spiegel nur dazu, das Selbstmitleid zu kultivieren. Selbstkritik ist Mangelware. Aber die einseitigen Schuldzuweisungen an die anderen wirken in jeder Gemeinschaft und Nation zerstörerisch. Die meisten Angriffskriege werden als Verteidigungskriege getarnt. Die Aufrüstung ist nur zur Verteidigung da. Deutsche und Polen kennen die Vertreibungen. Aber das Thema ist angstbesetzt und wird tabuisiert. Die Rede der Bundeskanzlerin in Danzig zum 70. Jahrestag des Angriffs auf Polen hat Tore für Gespräche geöffnet.
Wenn einer schweren Schaden erlitten hat und seine Wunden immer noch schmerzen, wird er von Rachegefühlen beherrscht. Er klagt den Täter an. Die Böswilligkeit des anderen weckt die Wut in uns oder wir verteidigen uns, wie und wo es möglich ist. Dass wir immer auch beteiligt sind und waren, verdrängen wir zu leicht. Selbstmitleid ersetzt Selbsterkenntnis und Selbstkritik. Die Schüssel, in der Pilatus seine Hände wäscht, steht überall herum.
„(Pilatus ließ) Wasser bringen, wusch sich vor allen Leuten die Hände und sagte: Ich bin unschuldig am Blut dieses Menschen. Das ist eure Sache!" (Mt 27,24).

Wort in den Tag

Nicht ich – du bist schuld! Brauche ich auch Sündenböcke, um mich reinzuwaschen? Kann ich mit mir selbstkritisch umgehen?

12. Tag · Dienstag

Was Vergebung erleichtert – was sie erschwert

Wort der Schrift

Jetzt sollt ihr lieber verzeihen und trösten, damit der Mann nicht von allzu großer Traurigkeit überwältigt wird. Darum bitte ich euch, ihm gegenüber Liebe walten zu lassen ... Wem ihr aber verzeiht, dem verzeihe auch ich. Denn auch ich habe, wenn hier etwas zu verzeihen war, im Angesicht Christi um euretwillen verziehen (2 Kor 2,7f.10).

Wort zum Tag

Reinhard Tausch, Professor der Psychologie und Psychotherapeut, konnte in empirischen Studien belegen, wie sehr Unversöhnlichkeit den Menschen belastet oder auch krank macht. In Umfragen suchte er auch nach Antworten auf die Fragen: Was erschwert Vergebung und was erleichtert sie? Von 200 angeschriebenen Personen lehnten 130 die Beantwortung des Fragebogens ab. Sie wären dadurch wieder an die Verletzungen erinnert worden und befürchteten, dass die alten Wunden wieder aufbrechen.

Die Gründe, warum Verzeihen so schwer ist und der Weg der Versöhnung sehr lang sein kann, können sehr unterschiedlich sein:

1. Die Schwere der Verletzung wird unterschiedlich empfunden. Der Sohn hat den Geburtstag der Mutter vergessen. Monatelang lehnte die Mutter jeden Kontakt ab. Eine Schülerfreundschaft zerbrach, weil der Freund ihn im Streit „Faschist“ genannt hatte. Er wusste gar nicht, was dies Wort bedeutete. Aber sein Freund wollte nie mehr etwas mit ihm zu tun haben.
2. Manchmal sind die Rachegefühle und Vergeltungswünsche noch so groß, dass ein Verzeihen unmöglich ist. „Ich will ihn demütigen, für alles, was er mir angetan hat.“
3. Stolz und Eitelkeit können die Bereitschaft zur Vergebung blockieren. Man möchte den anderen dominieren. Vergebung

wäre ein Gang nach Canossa. „Ich will mich nicht erniedrigen." Vergeben wird als Ausdruck der Schwäche angesehen.
4. „Ich muss mich schützen vor der Hinterlistigkeit und Falschheit des anderen." Misstrauen ist keine Basis für Versöhnung.
5. Mit Depressionen und Minderwertigkeitsgefühlen kann man nur schwer den Weg der Vergebung beschreiten.

Was erleichtert das Vergeben?
1. Seelische Stärke ermöglicht es uns, eigene Fehler an dem Geschehenen zu sehen und Vergeben weniger als Schwäche zu betrachten.
2. Wenn der andere sein Verhalten bedauert, vielleicht sogar sich entschuldigt, dann erleichtert dies die Versöhnung.
3. Über die Hälfte der Befragten empfindet es als hilfreich, sich mit sich selbst auseinanderzusetzen. „Ich versuche von meinem hohen Ross runterzusteigen und meine eigenen Fehler zu entdecken. Was ist mein Anteil daran?"
4. „Mir half die Einsicht, dass es besser sei, freundlich miteinander umzugehen, als ständig neue Schuldzuweisungen zu sammeln. Ich kann meine Energie sinnvoller einsetzen."
5. Mit der Zeit verliert der Konflikt an Bedeutung. „Ich denke, nachdem die Wut verflogen ist, geht man mit mehr Verstand an das Problem heran. Zeitlicher und räumlicher Abstand glättet die Emotionen."
6. „Ich mag nicht im Streit mit anderen leben." „Im Vergeben suche ich den Frieden."
7. „Als religiöser Mensch möchte ich die Last eines schlechten Gewissens loswerden und inneren Frieden finden." Wer die Bibel liest, wird immer wieder neu herausgefordert, sich um Vergebung und Versöhnung zu bemühen. Im „Vaterunser" zum Beispiel beten Christen: „Vergib uns unsere Schuld, wie auch wir vergeben unseren Schuldigern."[6]

Wort in den Tag
„Möchtest du für einen Augenblick glücklich sein? Dann räche dich!
Möchtest du für immer glücklich sein? Dann verzeihe!" (Sprichwort)

13. Tag · Mittwoch

Rituale der Vergebung

Wort der Schrift

Warum missachten deine Jünger die Überlieferung der Alten? Denn sie waschen sich nicht die Hände vor dem Essen (Mt 15,2).

Wort zum Tag

Alles ist in Bewegung geraten. Selbst die Mahlzeiten werden im Vorbeigehen in der Kantine erledigt. Die Zeitforscher stellen eine rasante Beschleunigung fest und fordern stabile „Ankerplätze", sonst ist der Mensch auf Dauer total überfordert. Die Bedeutung der Rituale wird in unseren Tagen wiederentdeckt. Ein Ritual ist eine nach vorgegebenen Regeln ablaufende Handlung mit hohem Symbolgehalt. Unser Alltag steckt voller Rituale. Ohne sie funktionieren Gesellschaften nicht.

Was geschieht eigentlich, wenn wir für uns persönlich oder wenn wir gemeinsam Rituale vollziehen? Sie bringen Ordnung in mein inneres Durcheinander und helfen mir, achtsam und bewusst zu leben. Heute sind viele erfinderisch und vollziehen zum Beispiel ihre Morgenrituale, um den Tag geordnet zu beginnen. Rituale begleiten uns. Sie sind Ausdrucksweisen und Formen, die vertraut und zur Gewohnheit geworden sind. Sie geben dem Tag, der Woche, dem Jahr eine Struktur. Damit gewinnen wir Sicherheit und Geborgenheit.

In einem immer gleichen Ablauf werden die einzelnen Schritte vertraut. Das erleichtert das Zusammenleben. Rituale entlasten uns. Sie geben uns die Möglichkeit, etwas auszudrücken, was wir mit Worten allein nicht vermitteln können. Sie verbinden Menschen miteinander und stiften Gemeinschaft. Das gilt auch besonders für die Familie und für religiöse Feiern. Beispiele sind die immer wiederkehrenden Formen, z. B. die Torte mit Kerzen zum Geburtstag oder der Besuch des Familiengrabes zu Allerheiligen.

Es ist gut, wenn wir uns schon als Kinder eingeübt haben in Formen der Versöhnung oder in Rituale des Verzeihens. Das muss nicht immer ein ausdrückliches Wort der „Entschuldi-

gung" sein. „Ohne Versöhnung geht man nicht ins Bett", sagte meine Mutter öfters. Ein Kuss zwischen Eltern und Kleinkind ist wunderbar. Manchmal streichelt einer nur über die Haare des anderen und alles ist geklärt.
Wer religiöse Formen der Vergebung einübt, hat einen Vorrat an Zeichen zur Verfügung, die in Konflikten hilfreich sind. Wer gewohnt ist, zum Bußgottesdienst zu gehen, oder von Zeit zu Zeit das Bußsakrament empfängt, wird seine Rachegefühle leichter besiegen und schneller den Weg der Versöhnung betreten. Er wird vor Gott seinen eigenen Anteil an Schuld erkennen und bekennen. Soziologen haben festgestellt, dass es in Gebieten, wo die Beichtpraxis noch lebendig ist, bedeutend weniger psychologische Praxen gibt.
Rituale der Vergebung – so Anselm Grün – erleichtern die Versöhnung. Manche leiden an ihrer Familie, die sich zerstritten hat, und alle moralischen Appelle haben nichts geholfen. Spannungen zwischen den Generationen, Erbstreitigkeiten, Ehescheidungen bringen großes Leid über Familien. Ein Vater erzählte, dass er vor Weihnachten seinem Sohn, der ausgezogen ist, einen freundlichen Brief schreibt. Ehepaare übergehen oft die kleinen alltäglichen Kränkungen. Ein Ehepaar praktiziert dieses Ritual: Immer wenn durch einen Konflikt dicke Luft im Haus herrscht, zündet einer die Hochzeitskerze an. Das ist dann für den andern ein Signal, dass ihm die gemeinsame Liebe wichtiger ist als der Konflikt. Die Kerze schafft eine Atmosphäre, die es ermöglicht, auf den andern zuzugehen.[7]
Die Fastenzeit ist eine Zeit, in der Menschen und Gruppen Wege der Versöhnung suchen. Wenn man gemeinsam das Vaterunser betet, wird man von der Bitte „Vergib uns unsere Schuld, wie auch wir vergeben unseren Schuldigern" darauf gestoßen, den Worten auch Taten folgen zu lassen.
Für eine Klostergemeinschaft ist es lebensnotwendig, öfters die Konventmesse zu feiern. Alle stehen vor Gott und rufen gemeinsam: „Herr, erbarme dich!" Alle geben sich die Hand und sprechen den Friedensgruß. Solche Riten und Worte haben eine verwandelnde Kraft in sich.
Warum bieten sonst zum Beispiel esoterische Zirkel Versöhnungsriten und Auferstehungsfeiern an?

Da heißt es unter anderem: „Bist du bereit für die wahre Versöhnung? Deine Urstruktur stammt aus der Energie der Versöhnung. Das heutige Ritual ist der erste Schritt im Geburtsvorgang des neuen Menschen … Durch die Versöhnung wird die ursprüngliche Verbindung des Schöpfers aufgebaut und der Energiefluss hergestellt."
Reinigungsriten werden als Folge davon vollzogen. Es bleibt die Frage: Was der Mensch alles tut, um Frieden und Versöhnung zu finden – letztlich bleibt es die uralte Frage: „Wie finde ich einen gnädigen Gott?"

Wort in den Tag
Jenseits der Worte schaffen Rituale ein Klima des Vertrauens und Verstehens. Habe ich geeignete Rituale, die die Versöhnung ausdrücken und bewirken können?

14. Tag · Donnerstag

Nähe und Distanz

Wort der Schrift
Als das Wasser im Schlauch zu Ende war, warf sie (Hagar) das Kind unter einen Strauch, ging weg und setzte sich in der Nähe hin, etwa einen Bogenschuss weit entfernt; denn sie sagte: Ich kann nicht mit ansehen, wie das Kind stirbt. Sie saß in der Nähe und weinte laut (Gen 21,15f.).

Wort zum Tag
Die Magd hat ihre Schuldigkeit getan. Weil Sara, seine Frau, kein Kind bekam, wollte Abraham nachhelfen und schlief mit der Magd Hagar aus Ägypten. Dann bekam im hohen Alter Sara doch noch ein Kind. Jetzt schickte man Hagar mit ihrem Sohn in die Wüste. Das Unrecht und das Leid waren zu groß. Hagar konnte nur aus Entfernung die Qualen ihres Sohnes ansehen. Schließlich schickte Gott einen Engel, der sie zu einem Brunnen führte und die Magd und ihren Sohn rettete.
Manchmal sind das Unrecht und die Verletzungen so groß, dass man nur auf Distanz gehen kann. Bei einer Ehescheidung schmerzen die Wunden so stark, das man Abstand braucht, um sich selbst zu schützen.
Jeder Konflikt schafft Distanz. Körperlich: „Ich kann ihn nicht mehr riechen." So groß kann die Abneigung werden. Seelisch: „Ich gerate in Panik, wenn ich ihn kommen sehe!" Als Seelsorger habe ich manchmal zur Distanz geraten, weil die Verletzungen zu schmerzhaft waren. Sogar die Kirche kennt einen Zustand, den sie die Trennung von „Tisch und Bett" nennt.
Die richtige Dosierung von Nähe und Distanz ist das Kunststück in jeder Partnerschaft und Gemeinschaft. In einer erfolgreichen Partnerschaft gibt es sowohl Zeiten der Nähe als auch Zeiten der Distanz. Generell gibt es Unterschiede zwischen Menschen, wie viel körperliche und emotionale Nähe oder Distanz sie brauchen. Idealerweise haben beide Partner zur gleichen Zeit das Bedürfnis nach Nähe und Austausch oder das Bedürfnis, allein zu sein. Häufig gehen die Bedürfnisse jedoch

auseinander. Wir fühlen uns enttäuscht, wenn wir gerade die Aufmerksamkeit des anderen brauchen, er aber seine Ruhe haben will. Es ist immer gut, wenn wir uns offen äußern. Es ist besser, wenn wir klar und deutlich unsere Bedürfnisse nach Nähe oder Distanz formulieren, als wenn wir uns wortlos zurückziehen.

Zwei Igel froren im Winter und rückten näher zusammen. Da stachen sie sich mit ihren Stacheln. Sie rückten wieder auseinander. Nun froren sie wieder. Als sie den richtigen Abstand gefunden hatten, nannten sie es Gemeinschaft. Das mag eine pessimistische Sicht von Gemeinschaft sein. Aber nach allen Erfahrungen ist die Frage nach Nähe und Distanz eine der wichtigsten in der Partnerschaft und in jeder Gemeinschaft.

Wie viel Nähe braucht ein Mensch? Und wie viel Distanz ist für ihn wichtig? Die Nähe eines Menschen kann krank oder gesund machen. Die Nähe eines Menschen kann froh oder traurig machen. Die Nähe eines Menschen kann in die Verzweiflung treiben oder neu aufleben lassen.

Konflikte, Verwundungen, auch Missverständnisse treiben in die Distanz. Vergeltungsgefühle, Rache und Wut verursachen Bitterkeit. In der Opferrolle beklagen wir unser Schicksal und immer mehr Menschen ziehen sich von uns zurück. Die Enttäuschungen verursachen eine Einsamkeit, an der viele leiden. Die Single-Kultur prägt unsere Städte. In den Ballungszentren sind 50 Prozent Einpersonenhaushalte.

Ein Weg aus dieser Sackgasse ist die Versöhnung mit seiner eigenen Lebensgeschichte. Wer verzeihen kann, findet Gelassenheit und inneren Frieden.

Dabei helfen Freunde, die mit uns reden und nicht vor unseren Klagen weglaufen.

Eine Frau sagte mir: „Als ich wieder lernte JA zu sagen, habe ich neue Freunde gefunden."

Wort in den Tag

In dieser Fastenzeit möchte ich darauf achten, ob ich ein „Jammertyp" bin und andere als meine Klagemauer gebrauche (missbrauche). Oder ob ich auch anerkennen und loben kann!

15. Tag · Freitag

Heilen, was verwundet ist

Wort der Schrift

Er heilt die gebrochenen Herzen und verbindet ihre schmerzenden Wunden (Ps 147,3).

Wort zum Tag

In uns sammelt sich ein Vorrat an Erinnerungen. Wir nehmen unsere Welt nicht nur durch unsere eigenen Erfahrungen wahr. Nicht nur Tatsachen und Ereignisse bestimmen unser Denken, sondern auch die Erinnerungen. Wenn ich einen Menschen richtig verstehen will, dann bitte ich ihn: Erzählen Sie mir Ihre Lebensgeschichte!

Keiner bleibt unverletzt. Alles, was lebt, trägt Wunden davon: Enttäuschungen, Schicksalsschläge, zerbrochene Beziehungen. Nicht selten wächst die Verbitterung. Die Erinnerungen vergiften unser Denken und Fühlen. Die Not, der wir in der Seelsorge am häufigsten begegnen, heißt: Leiden an Erinnerungen.

Kränkungen seit der Kinderzeit, Zurücksetzungen und Enttäuschungen, auch eigene Schuld sind seelische Verwundungen, die in fast jeder Lebensgeschichte eine Rolle spielen.

Dabei sind Erinnerungen immer subjektiv gefärbt. Wir sehen die Ereignisse durch unsere eigene Brille. Auch neigt der Mensch dazu, die schmerzlichen Erinnerungen zu vergessen; die positiven Erinnerungen bleiben aber länger wach. Wir sprechen von der „goldenen Vergangenheit". Viele wertvolle Erinnerungsstücke wie Auszeichnungen, Bilder, Diplome und Trophäen verstärken diese Tendenz in uns.

Wie gehen wir aber mit unseren Lebenswunden um? „Das muss doch mal vergessen sein!" „Darüber möchte ich nicht mehr reden!" Wir lassen Gras darüber wachsen. Doch verdrängte Erinnerungen sind nicht geheilt. Sie wirken in unserem Unterbewussten unkontrolliert weiter. Wir erlauben den vergessenen Erinnerungen, eigenmächtige Kräfte zu entwickeln, die unser Leben vergiften können.

Aber seelische Verletzungen wie Ablehnung, Verleumdung, Verlust müssen uns nicht krank machen, wenn wir günstige Bedingungen schaffen, damit sie heilen können. Es ist wie bei körperlichen Wunden: Zuerst blutet die Wunde. Dies entspricht bei inneren Verletzungen dem Schmerz und den Tränen. Wenn einer weinen kann, befreit er sich vom Druck der Verdrängung. Dann legen wir auf körperliche Wunden einen Verband. Dies entspricht bei seelischen Verwundungen der Zeit der Trauer, wo wir uns zurückziehen. Wir müssen dem Trauernden Zeit lassen und verstehen, wenn er sagt: Ich möchte allein sein!
Bei körperlichen Wunden müssen wir bald den Verband abnehmen, damit Luft an die Wunde kommt. Nur so heilt sie. Wird der Verband nicht gewechselt, entzündet sich die Wunde, und im Körper entsteht ein Eiterherd, der den Blutkreislauf belastet. Was krank macht, sind vergiftete Wunden. Entsprechend gilt bei seelischen Verwundungen: Die Isolation darf kein Dauerzustand werden! Ich muss mit einem Freund darüber reden. Ich muss meine Gefühle, meinen Zorn, meinen Schmerz ausdrücken können. Wenn ich das unterlasse und die Probleme nur verdränge, bekomme ich Verdauungsschwierigkeiten.
Heilen, was verwundet ist? Der erste Schritt zur Heilung heißt: sich erinnern. Wir müssen uns den Schmerz zumuten und die dunklen Seiten unseres Lebens anschauen. Wir müssen sie ans Licht holen und darüber reden. Denn was nicht geheilt, sondern nur vergessen ist, wirkt umso gefährlicher, weil es unkontrolliert unser Gefühlsleben vergiften kann. C. G. Jung sagt: „Man wandelt nur das, was man annimmt."
Im Sicherinnern, Klagen, Erzählen liegt die Chance der Heilung. Es ist klar, dass eine Verletzung nicht einfach verschwindet. Aber die Wunde vernarbt. Sie tut nicht immer weh. Bei Wetterwechsel spüre ich die Narbe vielleicht wieder. Die Narben wachsen mit uns. Wir werden sensibler, auch für die Not anderer. Wenn schmerzliche Erinnerungen in uns aufsteigen, sollten wir sie nicht beiseiteschieben. Wir erinnern uns und schauen sie an – immer wieder, bis sie allmählich heilen.
Dann werden Narben zu Augen.

Wort in den Tag
„Die Not, der wir oft begegnen, ist das Leiden an Erinnerungen.“ Welche Erinnerungen prägen Ihr Leben? Welche „Wunden“ schmerzen noch immer?

16. Tag · Samstag

Durch seine Wunden

Wort der Schrift
Er hat unsere Sünden mit seinem Leib auf das Holz des Kreuzes getragen, damit wir tot seien für die Sünden und für die Gerechtigkeit leben. Durch seine Wunden seid ihr geheilt (1 Petr 2,24).

Wort zum Tag
Versöhnung und Heilung schenkt uns der Glaube. Denn jedes Leben ist bedroht durch Enttäuschungen, Leid, zerbrochene Beziehungen. Wie gehen wir um mit unseren Wunden? Manche Menschen werden ganz verbittert. Die Erinnerungen können das Denken und Fühlen vergiften. Zu vergessen und zu verdrängen bringt keine Heilung.

Bei aller Drangsal von innen und außen
muten wir uns den Schmerz zu,
die Narben anzuschauen.
Wir schämen uns nicht unserer Wunden.
Denn wir werden auferstehen,
geheilt durch die Kraft der Vergebung und Liebe.

Der Auferstandene verbirgt seine Wundmale nicht. Er gibt sich durch sie zu erkennen. Die Leidensgeschichte ist nicht vergessen, sie ist verwandelt im Licht einer neuen Schöpfung. Nun dürfen alle Verwundeten hoffen.
Zu Thomas, dem Enttäuschten, sagt der Herr: „Streck deinen Finger aus – hier sind meine Hände!" (Joh 20,27). Thomas war tief enttäuscht. Er hatte seine ganze Hoffnung auf Jesus gesetzt. Das Kreuz hatte alles zerstört. Als am Ostermorgen die anderen Jünger von der Auferstehung des Gekreuzigten reden, kann er nicht glauben. Er hat die schrecklichen Wunden vor Augen. „Wenn ich nicht die Male der Nägel an seinen Händen sehe und wenn ich meinen Finger nicht in die Male der Nägel und meine Hand nicht in seine Seite lege, glaube ich nicht" (Joh 20,25). Warum sind für Thomas die Wunden so wichtig?

Wenn der Auferstandene nicht seine Wundmale trüge, dann wären das Leiden Christi und die darin erlittenen Wunden einfach weggewischt. Dann wäre der Auferstandene für Thomas uninteressant. Wenn er aber seine alten Wunden trägt, wenn er sie nicht leugnet, dann ist das bedeutsam für Thomas und auch für uns.

Denn wo bleibt das Leben mit seinen Kreuzen und tiefen Verwundungen? Wenn in der neuen Welt alles weggewischt wäre, dann wäre dies ein billiger Trost. Wenn aber der Auferstandene seine Wunden trägt, dann haben alle, die aus inneren und äußeren Wunden bluten, Hoffnung. Wir träumen uns nicht in den Himmel hinein, sondern diese geschundene Erde hat Zukunft. Dann leugnen wir nicht das Leid mit frommem Augenaufschlag, sondern die Wunden selber beginnen zu leuchten. Alle Stigmatisierten dürfen hoffen. So viele sind gezeichnet – tief verwundet durch Einsamkeit, Angst und Unversöhnlichkeit.

Die heiligen fünf Wunden werden nicht verbunden. Sie werden zu Quellen neuen Lebens. „Durch seine Wunden sind wir geheilt." Der Auferstandene zeigt seine Wunden dem Apostel Thomas und sagt: „Thomas, reich mir deine Hand und leg sie in meine Wunden!"

Das ist der Weg der Heilung: Seine Wunden in einen größeren Zusammenhang stellen. Seine Verletzungen loslassen und sie in die durchbohrten Hände dessen legen, der unser Erlöser ist. Als Thomas das begreift, geht er in die Knie und sagt: „Mein Herr und mein Gott!" Am Ende ist alles Lobpreis.

Wort in den Tag

Ist das die Heilung meiner Lebenswunden: „Reich deine Hand her und leg sie in meine Seite!"? Lesen Sie die Heilungsgeschichte des Apostels Thomas:

„Die anderen Jünger sagten zu ihm: Wir haben den Herrn gesehen. Er entgegnete ihnen: Wenn ich nicht die Male der Nägel an seinen Händen sehe und wenn ich meinen Finger nicht in die Male der Nägel und meine Hand nicht in seine Seite lege, glaube ich nicht. Acht Tage darauf waren seine Jünger wieder versammelt und Thomas war dabei. Die Türen waren verschlossen. Da kam Jesus, trat in ihre Mitte und sagte: Friede sei mit euch! Dann sagte er zu Thomas: Streck deinen Finger aus – hier sind meine Hände! Streck deine Hand aus und leg sie in meine Seite und sei nicht ungläubig, sondern gläubig! Thomas antwortete ihm: Mein Herr und mein Gott!" (Joh 20,25-28).

Völker-verständigung

17. Tag · Montag

Friedensbewegung

Wort der Schrift

Er spricht Recht im Streit der Völker, / er weist viele Nationen zurecht. Dann schmieden sie Pflugscharen aus ihren Schwertern / und Winzermesser aus ihren Lanzen. Man zieht nicht mehr das Schwert, Volk gegen Volk, / und übt nicht mehr für den Krieg (Jes 2,4).

Wort zum Tag

Die *Friedensbewegung* hat sich das Ziel gesetzt, Kriege, Kriegsformen und Kriegsrüstung aktiv zu verhindern und den Krieg als Mittel der Politik langfristig auszuschließen. Der weltweite Kampf gegen Krieg und Atomrüstung hat eine recht lange Tradition. Neue Kriege (Irakkrieg) lösen in vielen Ländern Proteste und Demonstrationen aus.

Die *Aktion Sühnezeichen Friedensdienste* (ASF) ist eine deutsche Organisation der Friedensbewegung. Sie wurde 1958 auf der Synode der Evangelischen Kirche Deutschlands gegründet. Die Organisation ist besonders durch ein internationales Freiwilligenprogramm und die Organisation von Workcamps in West- und Osteuropa bekannt.

Im Bewusstsein, dass die Folgen des Nationalsozialismus noch immer spürbar sind und nur durch einen intensiven Dialog überwunden werden können, setzt sich Aktion Sühnezeichen für eine Verständigung zwischen den Generationen, Kulturen, Religionen und Völkern ein. Verwurzelt im christlichen Glauben, bemüht sich die Aktion Sühnezeichen dabei um eine Zusammenarbeit mit allen, die für eine friedlichere und gerechtere Welt eintreten.

Pax Christi entstand zum Ende des Zweiten Weltkriegs in Frankreich, zunächst als „Kreuzzug des Gebets um Versöhnung" und um die Heilung Deutschlands von den spirituellen und moralischen Auswirkungen der 12 Jahre des Nationalsozialismus. Diese Bewegung ging von einigen Laien und Bischöfen in Frankreich aus, die die deutsch-französische Aussöhnung zu ihrem Anliegen gemacht hatten.

Vierzig französische Bischöfe unterzeichneten noch vor Kriegsende den Aufruf zur Versöhnung zwischen Deutschland und Frankreich. In Deutschland wurde der Aufruf aufgegriffen und verbreitet. Viele Wallfahrten waren Zeichen der Buße und des Umkehrwillens.
Schon 1946 fand im französischen Wallfahrtsort Vézelay die Versöhnungswallfahrt mit insgesamt 40 000 Teilnehmern aus Belgien, Spanien, der Schweiz, Italien, Luxemburg, Kanada, den USA und Frankreich statt, die 14 schwere Holzkreuze als Zeichen ihres Wunsches nach Frieden und Versöhnung nach Vézelay trugen. Auf Initiative französischer Priester wurden auch deutsche Kriegsgefangene aus einem nahe gelegenen Lager eingeladen, daran teilzunehmen. Sie brachten das 15. Kreuz mit, das als Kreuz der Deutschen mit eingereiht wurde. So dokumentierten die ehemaligen Feinde ihren Willen zu einem bleibenden Frieden in Europa.
Im Februar 1947 gab es in Lourdes ein erstes Treffen unter dem Namen Pax Christi, zu dem auch 17 Deutsche – unter ihnen der Kapuzinerpater Manfred Hörhammer – eingeladen waren. Auf Initiative von französischen Bischöfen konnten sie auf dem Rückweg eine große Zahl deutscher Kriegsgefangener in die Freiheit mitnehmen.
Pax Christi wendete sich ab 1960 auch der Verständigung mit dem polnischen Volk zu. Aus dieser Arbeit erwuchs die Initiative zur Gründung des Maximilian-Kolbe-Werks.
In vielen mühsamen Schritten suchen die polnischen und deutschen Bischöfe die Gräben zwischen den beiden Völkern zu überwinden. Im Jahr 2007 stellten Kardinal Lehmann und der ehemalige Ministerpräsident Dieter Althaus die neue ***Maximilian-Kolbe-Stiftung*** in Berlin vor. Die Projekte der Stiftung sollen konkrete Wege der Hoffnung auf Versöhnung sein. Ihre Aufgabe ist es, sich solchen Fragen zuzuwenden, denen in der Erinnerungskultur noch wenig Raum gegeben wird. Dies sind in der Regel die schwierigen und schmerzhaften Fragen, in denen das Unversöhnte und bleibend Verletzte in besonderer Weise spürbar wird.
Im ersten Projekt geht es um den Umgang mit kriegs- und gewaltbedingten Traumata. In verschiedenen Ländern Mittel-

und Osteuropas fühlt sich ein großer Teil der älteren Generation in Folge des Zweiten Weltkrieges oder der nachfolgenden Phase des Kommunismus als Opfer. Hinzu kommt, dass in den letzten beiden Lebensabschnitten aller Erfahrung nach unverarbeitete Traumata verstärkt zum Vorschein kommen. Das Unabgeschlossene der persönlichen Gewalterfahrungen wird somit zu einem Faktor in den Beziehungen zwischen den Gesellschaften. Der Umgang mit diesen Leiderfahrungen bedarf einer besonderen Sensibilität. Gerade in der Kranken- und Altenpflege sehen sich viele Ehrenamtliche mit diesen Problemen konfrontiert. Die Stiftung will durch die Förderung und Durchführung entsprechender Fortbildungsseminare dazu anregen, das Gespräch über den Umgang mit diesen Problemen aufzunehmen. Die Unterstützung der Sprach- und Handlungsfähigkeit trägt darüber hinaus dazu bei, die Bereitschaft zur Auseinandersetzung mit diesen prägenden Geschichten zu fördern.
In einem weiteren Projekt setzt sich die Maximilian-Kolbe-Stiftung für die gemeinsame Pflege von Gräbern gefallener sowjetischer Soldaten ein. In einem Projekt möchte die Stiftung die Schatten der Vertreibung durch Begegnungen der Betroffenen erhellen. Die verhängnisvolle Vertreibungsgeschichte belastet die Aussöhnung der Völker, die inzwischen alle der Europäischen Gemeinschaft beigetreten sind.
Nur einen kleinen Ausschnitt der vielen Bemühungen um Frieden und Aussöhnung kann ich hier wiedergeben. Mauern wurden abgerissen. Grenzen sind gefallen. Die Friedens- und Versöhnungsarbeit geht weiter. Unsere Welt rückt zusammen. Jedes Verstehen der Fremden, jeder Schüleraustausch und Verwandtenbesuch sind Steine, um Brücken der Versöhnung zu bauen. Zum Reden und Handeln gehören die symbolischen Gesten. Der Kniefall des damaligen Bundeskanzlers Willy Brandt vor dem Mahnmal des ehemaligen jüdischen Gettos in Warschau, das Händehalten von Francois Mitterrand und Helmut Kohl 1984 auf dem Schlachtfeld von Verdun, der Papstbesuch im KZ von Auschwitz, sind Gesten und Bilder, die Versöhnung festigen.[8]

Wort in den Tag

Viele kleine Leute an vielen kleinen Orten, die viele kleine Schritte tun, können das Gesicht der Welt verändern (aus Afrika).

18. Tag · Dienstag

„Die Sonnenblume“ – Versöhnung im Holocaust?

Wort der Schrift

Als er ihren Glauben sah, sagte er zu dem Mann: Deine Sünden sind dir vergeben. Da dachten die Schriftgelehrten und die Pharisäer: Wer ist das, dass er eine solche Gotteslästerung wagt? Wer außer Gott kann Sünden vergeben? Jesus aber merkte, was sie dachten, und sagte zu ihnen: Was habt ihr für Gedanken im Herzen? Was ist leichter, zu sagen: Deine Sünden sind dir vergeben!, oder zu sagen: Steh auf und geh umher? Ihr sollt aber erkennen, dass der Menschensohn die Vollmacht hat, hier auf der Erde Sünden zu vergeben (Lk 5,20-24).

Wort zum Tag

S. sitzt am Bett eines sterbenden SS-Offiziers, einem jungen Mann von 23 Jahren, katholisch erzogen und bis zum Eintritt in die Hitlerjugend ein frommer, begeisterter Christ.
S. ist Jude. Unmenschliches ist ihm und seinen Mitgefangenen im Konzentrationslager widerfahren. Erniedrigungen und unsagbare Grausamkeiten musste er bis in diese Stunde hinein erdulden und mitansehen. Jeden Augenblick musste er damit rechnen, dass seinem Leben gewaltsam ein Ende gesetzt wird.
Sterbend spricht der SS-Mann über seine Verbrechen, spricht über die vielen Morde, die er zu verantworten hat, darunter auch die von kleinen Kindern, die er lichterloh brennen sah. Sein Gewissen lastet schwer auf ihm. Schonungslos berichtet er jetzt, im Angesicht des eigenen Todes, über seine Gräueltaten.
Er will sich nicht rechtfertigen, will nichts entschuldigen, nichts erklären. Er weiß um seine schreckliche Schuld. Was erhofft er?
Seine Beichte ist nicht gerichtet an einen katholischen Priester, der ihm, kraft seines Amtes, die Lossprechung der Kirche geben könnte und wohl auch geben müsste, oder an eine andere zufällig anwesende Person. Bewusst bekennt er sich einem Juden, einem „Vertreter“ des Volkes, an dem er persönlich schul-

dig geworden ist. Von ihm erhofft er – zweifelsohne in aufrichtiger Reue – Vergebung und Frieden.
Stumm und scheinbar regungslos hört S. diesen schrecklichen Bekenntnissen zu.
Dann steht er auf und verlässt das Zimmer – ohne ein einziges Wort.
Am nächsten Tag ist der junge SS-Mann tot.
Jahre später, nachdem S. aus dem Konzentrationslager befreit wurde, fährt er nach Stuttgart, um die verwitwete Mutter des toten Mannes aufzusuchen. Er trifft auf eine vereinsamte Frau, die sich voller Schmerz, im Glauben an ihren einzigen, ach so guten Sohn wähnt. Auch diesmal bleibt er ohne Antwort. Er belässt die Mutter in diesem Irrglauben; er klärt sie nicht über die Verbrechen ihres „guten" Sohnes auf. Aus Mitleid, aus Barmherzigkeit? – Wieder ist sein Herz stumm.
Simon Wiesenthal hat diesen bedrückenden Erlebnisbericht in der Erzählung „Die Sonnenblume" niedergeschrieben. Er spricht auch davon, in welchem Gewissenskonflikt er sich seither befindet. Es ist die Frage: Habe ich recht gehandelt, indem ich dem sterbenden SS-Mann die Vergebung verweigerte? Und hätte er überhaupt, sozusagen „stellvertretend", diese Vergebung gewähren können, im Namen des geschundenen und entrechteten jüdischen Volkes, deren „Schicksalsgemeinschaft" er angehörte? Und wäre dies recht gewesen? Hatte er überhaupt die Wahl? Fragen, die ihn nicht loslassen.
So schreibt er an viele Zeitgenossen, darunter auch an bekannte wie: Helmut Gollwitzer, Martin Niemöller, Kardinal König, Golo Mann, um hier nur einige zu nennen. Er bittet sie um Stellungnahme. Er schreibt: „ Ich weiß, dass viele mich verstehen und meine Haltung gegenüber dem sterbenden SS-Mann billigen werden. Ich weiß aber auch, dass ebenso viele mich verurteilen werden, weil ich einem reuigen Mörder das Sterben nicht erleichtert habe."
Erhofft er sich Antwort? Niemand – auch nicht aus der Distanz von Erleben und Zeit – kann eine gültige Antwort geben. Die Frage bleibt.
Ein Gedanke dazu von Helmut Gollwitzer: „Nach biblischer Auffassung ist schon die Reue, wie quälend sie auch sein mag,

eine gnädige Wirkung des göttlichen Geistes in uns. Sie ist ihm (dem Sterbenden) zuteilgeworden; konnte er von Ihnen (Simon Wiesenthal) das Wort der Vergebung nicht hören, so befiehlt uns doch die ganze Bibel, für ihn zu hoffen, dass er es von Gott selbst zu hören bekommen hat. Dies bedeutet freilich, dass wir die außerordentliche Meinung der Bibel ernst nehmen, dass nämlich im Tode wohl unsere Möglichkeiten zu Ende sind, nicht aber die Möglichkeit Gottes." Und weiter: „Was die Bibel, expliziert das Neue Testament, mit der Hoffnung über den Tod meint, ist genau dies: dass im Tode nicht alles aus ist, sondern Gottes Vergebung neues Leben schenkt, ohne dass über dieses Versprechen hinaus irgendeine Vorstellung davon möglich wäre."[9] *(Mechthild Grüning)*

Wort in den Tag

Der Mensch ist begrenzt, auch im Verzeihen. Der Gott der Bibel aber offenbart sich als Barmherziger, der dem Reumütigen die Schuld vergibt. Wenn der SS-Offizier einen Priester hätte holen lassen, hätte er ihm die Absolution verweigern können?

19. Tag · Mittwoch

Schüleraustausch

Wort der Schrift

Vergesst die Gastfreundschaft nicht; denn durch sie haben einige, ohne es zu ahnen, Engel beherbergt (Hebr 13,2).

Wort zum Tag

„Jeder Schuss – ein Ruß! Jeder Stoß – ein Franzos'!" Das stand auf einer handkolorierten Propagandakarte mit entsprechender Abbildung, die mein Vater als 17-jähriger Schüler aus dem Ersten Weltkrieg von der Front in Frankreich nach Hause schicken musste. Diese Karte im Fotoalbum der Eltern hat uns Kindern mächtig imponiert. Von den Kriegsgräueln hat er nie erzählt, aber von der schönen Landschaft im Norden Frankreichs und der Meeresküste. Mehr als 50 Jahre nach Kriegsende mussten verstreichen, ehe er sich mit seiner Familie noch einmal die Gegend mit den Schützengräben um Verdun, dem Ort seiner Verwundung, und die vielen Soldatenfriedhöfe anschauen konnte.

Wie sinnlos das alles war, haben der ehemalige französische Staatspräsident General de Gaulle und der erste deutsche Bundeskanzler, Konrad Adenauer, selber erlebt. Sie haben schon bald nach Kriegsende die Versöhnung über den Gräbern praktiziert, haben als gläubige Katholiken sich mit aller Kraft für den Frieden zwischen den beiden Völkern eingesetzt und um gegenseitiges Vertrauen bei den Menschen für ein geeintes Europa geworben.

In dieser Aufbruchstimmung der 50iger-Jahre wollte ich als 16-Jährige wissen, wie Menschen in Frankreich lebten und arbeiteten, wollte mein Französisch verbessern. Nur 11 Jahre nach Kriegsende ging ich für 6 Wochen als Au-pair-Mädchen in eine Familie mit 3 kleinen Kindern in ein winziges Dorf nördlich von Paris. Da gab es ein aufgeschlossenes, junges Ehepaar, das mit Deutschen einen neuen Anfang suchte und mir seine Kinder anvertraute. Ich spielte und bastelte mit den Kleinen, sang ihnen deutsche und französische Kinderlieder vor und fühlte mich bald angenommen wie eine große Tochter, und das im Land des „Erbfeindes". Madame kochte mit mir französisch und zeigte mir Paris, nahm mich mit zu Verwandten und Freunden, obwohl die Skepsis gegenüber Deutschen bei ihnen noch spürbar war. Ich verlebte eine wundervolle Zeit in der sehr gastfreundlichen Familie. Zum tränenreichen Abschied schenkte man mir ein Silberarmband mit den eingravierten französischen Wochentagen. Noch viele Jahre dauerte der Briefaustausch von und nach Erquery an der Oise und Sundern im Sauerland.

Vor 15 Jahren fuhr nun unsere Tochter Bianca mit ihrer Klasse in unsere nordfranzösische Partnerstadt Bailleul. Der dortige Bürgermeister hatte sich in den Sechzigerjahren Werne als deutsche Partnerstadt gewünscht, was damals noch von beiden Außenministerien genehmigt werden musste. Begleitet von engagierten Lehrkräften aus beiden Ländern, verbrachten die Mädchen und Jungen zehn erlebnisreiche Tage in den Familien der Franzosen, versuchten tolerant und achtsam miteinander umzugehen und die andere Sprache immer besser zu sprechen. Sie hörten bestürzt aber auch von den schlimmen Kriegserlebnissen der Großväter der französischen Mitschüler und den vielen Toten auf französischer Seite im Kampf um die Befreiung Europas vom Hitlerregime.

Im vergangenen Jahr fuhr unsere 12-jährige Enkelin mit einer Messdienergruppe zum Austausch für eine Woche auf einen Bauernhof nach Bailleul. Als kirchliche Ferienfreizeit gestaltete unser junger Pastor mit ehrenamtlichen Helferinnen diese Woche, zusammen mit dem französischen Pfarrer und seiner dortigen Messdienergruppe. Die Jugendlichen verbrachten viel Zeit bei Spiel und Gespräch. Sie planten gemeinsame Aktionen, feierten zweisprachige Gottesdienste, erlebten ein großes Feuerwerk am Nationalfeiertag und schauten an der Küste über den Ärmelkanal bis nach England. Alle freuen sich schon auf den Gegenbesuch in Werne. Übrigens, mein Abschiedsgeschenk von 1956, das silberne Armband, trägt nun meine Enkelin Rebekka!

Wort in den Tag

Beim offiziellen Empfang der deutschen Gruppe im historischen Rathaus von Bailleul durch den Bürgermeister und Mitglieder des Partnerschaftskomitees lasen wir mit ungläubigem Staunen die Namen der schönsten Rathaussäle dort: Konrad-Adenauer-Saal und Willy-Brandt-Saal! Obwohl in beiden Kriegen ihr monumentales Rathaus von Deutschen stark beschädigt worden war, haben die Bürger von Bailleul unsere beiden ehemaligen Kanzler und ihre unermüdlichen Versöhnungs- und Friedensbemühungen in West und Ost mit der Namensgebung besonders gewürdigt. *(Renate Ostrop)*

20. Tag · Donnerstag

Die Kraft des Glaubens

Wort der Schrift
Wenn du deine Opfergabe zum Altar bringst und dir dabei einfällt, dass dein Bruder etwas gegen dich hat, so lass deine Gabe dort vor dem Altar liegen; geh und versöhne dich zuerst mit deinem Bruder, dann komm und opfere deine Gabe (Mt 5,23f.).

Wort zum Tag
Versöhnung und Erlösung sind die wichtigsten Anliegen des Evangeliums. Manchmal entwickelt der christliche Glaube Kräfte, die das Wunder der Versöhnung möglich machen. Die Forderung von Mt 5,23 ist eindeutig: „Lass deine Gabe vor dem Altar liegen. Geh und versöhne dich zuerst!" Bei der Forderung der Versöhnung gibt es keine Kompromisse. Aber diese kompromisslosen Worte sind oft die Ursache für das Handeln im Geist der Versöhnung.
Welche Bedingungen müssen wir schaffen, damit wir miteinander die Eucharistie feiern können? Wann bin ich eucharistiefähig? Nur, wenn ich mich um Frieden und Versöhnung bemüht habe.
Vor Jahren hat mich ein Bericht in einer Tageszeitung sehr angesprochen. Es war das Jahr, in dem die Bundesrepublik in Verbindung mit der NATO wieder Soldaten rekrutierte. Bei der jährlichen Soldatenwallfahrt nach Lourdes waren zum ersten Mal nach dem Krieg auch deutsche Soldaten gekommen. Der Tag mit seinen Gottesdiensten und Begegnungen war vorbei. Am Abend saßen die Soldaten vieler Nationen um ein großes Lagerfeuer. Da stand ein französischer Soldat auf und sagte: „Kameraden, ich möchte euch etwas sagen. Als ich ein kleiner Junge war, wurde mein Vater vor meinen Augen von Nazi-Deutschen erschossen. Ich sagte mir: Die Deutschen wirst du ein Leben lang hassen. Du kannst das nicht mehr vergessen.
Bei der Eucharistiefeier heute Morgen – es war im Freien kalt – saß neben mir ein Deutscher. Dieser schaute mich an und sah, dass ich fror. Er legte seinen weiten Soldatenmantel auch um meine Schultern. Aber ich sagte mir: Du musst ihn hassen. Er ist

ein Deutscher. Bei der Kommunion stand er wieder neben mir. Da begriff ich plötzlich, dass wir Brüder in Namen Jesu sind. Christus ist auch für die Deutschen gestorben. Das war es, was ich euch sagen wollte." Und er setzte sich.
Worte der Schrift und die Feier der Liturgie überbrücken die Feindschaft und heilen die Wunden. Man wünscht sich, dies möge öfters geschehen.

Wort in den Tag
Wenn ich die Liturgie der Messe feiere, will ich die Frage nicht verdrängen, ob ich Gedanken der Abneigung und Feindschaft im Herzen trage.

21. Tag · Freitag

Städtepartnerschaft

Wort der Schrift
Wohl dem Mann, der gütig und zum Helfen bereit ist, der das Seine ordnet, wie es recht ist (Ps 112,5).

Wort zum Tag
„Nikolaus, komm in unser Haus, pack ein, was wir dir geben!
Nikolaus, nimm von unserm Überfluss, nimm von unserm Überschuss, damit auch andere leben!"

Frei nach dem Beginn eines Gedichtes von Paul Reding hatten Kinder und Eltern zur Nikolaus-Aktion unserer Grundschule 1981 sehr viele Pakete für bedürftige Kinder in Polen liebevoll gepackt. Bei Eis und Schnee brachten mein Mann und sein Neffe die Liebesgaben an ein Kinderheim in Südpolen. Sie hatten die Freude der Kinder, aber auch die schlimmen Zustände dort gesehen.
Heil zurückgekehrt aus einem Land, in dem soeben das Kriegsrecht ausgerufen worden war, „träumten" wir laut: „Wir Christen der ganzen Stadt müssten gemeinsam eine große Spendenaktion durchführen. Das wäre dann nicht nur ein Tropfen auf den heißen Stein ..."
Beim Treffen der Priester unserer Stadt berichtete mein Mann von seinen Erlebnissen und trug unsere Idee vor.
Ab dann lief eine beispiellose Spendenaktion mithilfe des Kapuzinerklosters an mit dem Titel „Werne hilft Polen", woran sich alle evangelischen und katholischen Kirchengemeinden, Schulen, Zeitungen, Vereine, Verbände und Privatpersonen in der gesamten Stadt ideenreich beteiligten. Jugendliche musizierten auf dem Marktplatz oder putzten Autos, Frauen backten Waffeln und starteten viele Aktionen. Bald füllten sich die Konten und große Mengen Lebensmittel, Milch- und Waschpulver etc. konnten eingekauft und von fleißigen Männern auf Lastwagen gepackt werden. Eine große Solidarität mit den Menschen in Polen war zu spüren, neue Freundeskreise bildeten sich hier im Engagement für die gute Sache drüben.

Aus einem alten Klosteratlas wählte man zwei der westlichsten Kapuzinerklöster in Polen aus, in die man die Spenden bringen wollte: Pila, das ehemalige Schneidemühl, und Walcz, das ehemalige Deutsch Krone.
Dem ersten Hilfstransport im März 1982 mit vier Lkws folgten noch acht weitere Transporte. Sie waren wie kleine „Dominosteine", die geholfen haben, die Mauern des Ostblocks zum Einstürzen zu bringen. So sprach der damalige Bundespräsident Richard von Weizsäcker über die Hilfstransporte: „... Auf den Autobahnen sieht man allenthalben Lastwagen nach Osten fahren. Keine staatliche Behörde hat es angeordnet. Hier handeln Menschen. Sie sind einmal schneller als die große Politik!"
Das Befremden beim ersten Transport – wer bringt uns da so viele Sachen und wie sollen wir das alles gerecht verteilen? – wich bald einem vertrauensvollem Umgang von Gebern und Beschenkten. Bei den gegenseitigen Besuchen der Klosterjugendgruppen im Jahr danach spürte man so deutlich den Willen zum Neuanfang ohne die belastenden Kriegserinnerungen. Sportvereine hier und drüben trugen Turniere aus, lernten die „anderen" aus dem Nachbarland bei Spiel und Sport kennen und Vorurteile abzubauen.
Unvergesslich sind die fröhlichen Feste mit sehr gastfreundlichen Polen und Deutschen. Viele Ängste der älteren Polen vor den evtl. zurückkehrenden Deutschen konnten ausgeräumt werden. Die meisten Bürger von Walcz waren aus Ostpolen und der Ukraine vertrieben worden und froh, jetzt endlich eine neue und sichere Heimat gefunden zu haben. Auf diesem Hintergrund entstehen bis heute vielfache Freundschaften und sogar Ehen wurden geschlossen.
Materielle und fachliche Hilfe unserer Stadt sind heute in der Stadt Walcz an vielen Stellen, wie Rathaus, Marktplatz, Krankenhaus und Kinderheim, Schulen und Kirchen etc., zu sehen und zu spüren. So war es ganz folgerichtig, dass im Jahr 1992, zehn Jahre nach dem ersten Hilfstransport, die Politiker von Werne und Walcz die Urkunden zur Städtepartnerschaft feierlich unterzeichnen konnten.

Wort in den Tag

Als der deutsche Kapuzinerpater Tim Lang während des ersten Besuches mit seinem polnischen Mitbruder die Sonntagsmesse feierte und die Predigt hielt, schloss er mit folgenden Worten: „Wir sind heute gekommen, um euch Kleidung und Lebensmittel zu bringen. Unsere Absicht aber ist weiterreichend: Wir reichen euch die Hand zur Versöhnung und Freundschaft, damit sich die schrecklichen Katastrophen unseres Jahrhunderts nie mehr wiederholen können!" *(Renate Ostrop)*

22. Tag · Samstag

Wege der Verständigung in einer zerrissenen Welt

Wort der Schrift

Ein Vater der Waisen, ein Anwalt der Witwen ist Gott in seiner heiligen Wohnung (Ps 68,6).

Wort zum Tag

Die Mediation, wie sie heute angewendet wird, entwickelte sich aus dem Arbeitsfeld der außergerichtlichen Konfliktregelung. Sie griff dabei Ansätze der Konfliktforschung, der psychologischen Problemlösung sowie der Psychotherapie auf. In Deutschland etablierte sich das Verfahren ab den 90er-Jahren nach und nach.

Wichtigster Ausgangspunkt der Mediation ist die Eigenverantwortlichkeit der beteiligten Konfliktparteien. So ist der Mediator verantwortlich für den Prozess, die beteiligten Parteien sind für den Inhalt verantwortlich. Grundlegender Gedanke ist dabei, dass die Beteiligten eines Konflikts selbst am besten wissen, wie dieser zu lösen ist. Der Mediator übt auf diesem Weg lediglich eine begleitende und unterstützende Arbeit aus, wo sie benötigt wird. Dabei ist die Mediation keine Institution wie ein Schiedsgericht oder eine Schlichtungsstelle, sondern ein Verfahren. Von der Mediatorin oder dem Mediator werden keine Entscheidungen getroffen und keine Empfehlungen oder Vorschläge für eine Konfliktregelung formuliert.

Um eine Mediation durchzuführen, sind allerdings Voraussetzungen zu beachten:

1. Freiwilligkeit: Alle Beteiligten einschließlich des Mediators können die Mediation jederzeit abbrechen.
2. Verschwiegenheit: Der Mediator äußert sich außerhalb der Mediation nicht zu den Inhalten des Verfahrens.
3. Ergebnisoffenheit: Eine Mediation ist unmöglich, wenn ein Ergebnis am Beginn des Prozesses feststehen soll. Die Konflikt-

parteien müssen daher mit einem Maß an Offenheit und Verhandlungsbereitschaft in die Mediation gehen.
4. Unparteilichkeit: Der Mediator leitet die Mediation, ohne Partei zu ergreifen; er darf nicht für oder gegen eine Seite voreingenommen sein.
Das Ziel der Mediation ist immer die Lösung eines Konfliktes mit einer verbindlichen Vereinbarung der Beteiligten. Im Gegensatz zu einem Verfahren bei Gericht steht die Frage nach einer eventuellen Schuld nicht im Vordergrund. Ziel der Mediation ist zum Beispiel die Regelung von Vermögensfragen oder die Vereinbarung über eine gemeinsame elterliche Sorge trotz Trennung der Eltern. Im Zentrum jedes Mediationsprozesses steht das Ziel, die Konfliktparteien wieder in Kommunikation und das Gespräch miteinander zu bringen.
Zum Ende der Mediation werden die Ergebnisse fixiert. Üblich ist eine konkrete Regelung des weiteren Vorgehens einschließlich der Festlegung von einem Zeitplan für die Umsetzung bis hin zum Verhalten in einem möglichen neuen Konfliktfall.
Es gibt heute viele Wege und Angebote, um im Konfliktfall einen Weg der Versöhnung oder nur des gerechten Ausgleichs zu finden. Selbst das Gericht verweist manchmal einen Streitfall an eine Schlichtungsstelle. Viele zögern, eine Eheberatung aufzusuchen oder einen Mediator für die Vermittlung zu bestellen. Schon das Beratungsgespräch mit einem Freund oder auch geistlichen Begleiter kann viel Leid begrenzen und verhindern.

Wort in den Tag
Eine verlässliche Adresse ist in Notzeiten ganz wichtig. Ein guter Freund als Fürsprecher und Vermittler kann Wunder wirken.

Versöhnung in der Bibel

23. Tag · Montag

Josef und seine Brüder

Wort der Schrift

Josef vermochte sich vor all den Leuten, die um ihn standen, nicht mehr zu halten und rief: Schafft mir alle Leute hinaus! So stand niemand bei Josef, als er sich seinen Brüdern zu erkennen gab. Er begann so laut zu weinen, dass es die Ägypter hörten; auch am Hof des Pharao hörte man davon. Josef sagte zu seinen Brüdern: Ich bin Josef. Ist mein Vater noch am Leben? Seine Brüder waren zu keiner Antwort fähig, weil sie fassungslos vor ihm standen. Josef sagte zu seinen Brüdern: Kommt doch näher zu mir her! Als sie näher herangetreten waren, sagte er: Ich bin Josef, euer Bruder, den ihr nach Ägypten verkauft habt.
Jetzt aber lasst es euch nicht mehr leid sein und grämt euch nicht, weil ihr mich hierher verkauft habt. Denn um Leben zu erhalten, hat mich Gott vor euch hergeschickt. Ja, zwei Jahre sind es jetzt schon, dass der Hunger im Land wütet. Und noch fünf Jahre stehen bevor, in denen man weder pflügen noch ernten wird.
Gott aber hat mich vor euch hergeschickt, um von euch im Land einen Rest zu erhalten und viele von euch eine große Rettungstat erleben zu lassen. Also nicht ihr habt mich hierhergeschickt, sondern Gott. Er hat mich zum Vater für den Pharao gemacht, zum Herrn für sein ganzes Haus und zum Gebieter über ganz Ägypten. Zieht eiligst zu meinem Vater hinauf und meldet ihm: So hat dein Sohn Josef gesagt: Gott hat mich zum Herrn für ganz Ägypten gemacht. Komm herunter zu mir, lass dich nicht aufhalten! (Gen 45,1-9).

Wort zum Tag

In der Bibel gibt es viele Geschichten, in denen Geschwister schuldig aneinander werden und nach Versöhnung suchen. Die Geschichte von Josef, der von seinen Brüdern verkauft wird und in Ägypten zu Macht und Einfluss kommt, ist besonders tiefgründig und farbig erzählt. Sie wurde in vielen Kulturen nacherzählt, z. B. im Koran und bis in unsere Zeit in der Roman-Tetralogie von Thomas Mann:

Josef ist der zweitjüngste Sohn des Jakob. Weil er der Lieblingssohn des Erzvaters ist und weil er in seinen Träumen an eine Vorrangstellung unter seinen Brüdern glaubt, wird er von ihnen gehasst. Josef träumte, dass die Garben seiner Brüder sich vor ihm verneigten. Bei einem Kontrollgang auf den Feldern ergreifen sie Josef und werfen ihn in einen Brunnen. Sie verkaufen ihn an eine vorbeiziehende Karawane, die Josef nach Ägypten bringt. Dort wird er als Traumdeuter bekannt und legt dem Pharao seine Träume aus. Der Pharao träumt von sieben fetten und sieben mageren Kühen, die die fetten auffressen. Josef deutet diesen Traum als Warnung vor sieben Hungerjahren, die über viele Länder kommen werden. Seine praktischen Ratschläge überzeugen den Pharao und Josef wird zum Erfinder der Vorratswirtschaft in Ägypten.
In der Zeit der mageren Jahre kommen Josefs Brüder aus Kanaan, wo auch Hungersnot herrscht, nach Ägypten, um Getreide zu kaufen. Josef erkennt sie und verdächtigt sie als Spione. Er stellt sie auf die Probe und verlangt, dass sie den jüngsten Bruder Benjamin holen. Als sie bei der zweiten Reise Benjamin mitbringen, werden sie von Josef freundlich empfangen und er lädt sie zum Festmahl ein. Er setzt die Brüder in der Reihenfolge ihres Alters an den Tisch. Als Josef sich von dem Gesinnungswandel seiner Brüder überzeugt hat, gibt er sich unter Tränen zu erkennen. Hier erfahren die verwickelten Geschehnisse ihre erste Deutung: „Denn um Leben zu erhalten, hat mich Gott vor euch hergeschickt“ (Gen 45,5). Dann wird Jakob mit seiner ganzen Familie nach Ägypten umgesiedelt. Die 12 Brüder werden zu Ahnherren der zwölf Stämme Israels. Die Josefsgeschichte wird mit der Erzvätergeschichte verbunden. Im Kapitel 50,20 wird sie zusammenfassend beurteilt: „Ihr habt Böses gegen mich im Sinne gehabt, Gott aber hatte dabei Gutes im Sinn, um zu erreichen, was heute geschieht: viel Volk am Leben zu erhalten.“

Wort in den Tag

„Gott schreibt gerade auf krummen Zeilen.“ Kann man im Rückblick manchen Familienzwist oder auch eine Ehescheidung so anschauen?

24. Tag · Dienstag

Tödliche Rache – die Söhne König Davids

Wort der Schrift

Abschalom, der Sohn Davids, hatte eine schöne Schwester namens Tamar, und Amnon, der Sohn Davids, verliebte sich in sie. Amnon war sehr bedrückt und wurde fast krank wegen seiner Schwester Tamar; denn sie war Jungfrau, und es schien Amnon unmöglich, ihr etwas anzutun … Da sagte Jonadab zu ihm: Leg dich ins Bett und stell dich krank! … Amnon legte sich also hin und stellte sich krank … Tamar ging in das Haus ihres Bruders Amnon, der im Bett lag. Sie nahm Teig, knetete vor seinen Augen die Kuchen und backte sie … Als sie ihm aber die Kuchen zum Essen reichte, griff er nach ihr und sagte zu ihr: Komm, leg dich zu mir, Schwester! Sie antwortete ihm: Nein, mein Bruder, entehre mich nicht! So etwas tut man in Israel nicht. Begeh keine solche Schandtat! Wohin sollte ich denn in meiner Schande gehen? Du würdest als einer der niederträchtigsten Menschen in Israel dastehen. Rede doch mit dem König, er wird mich dir nicht verweigern. Doch Amnon wollte nicht auf sie hören, sondern packte sie und zwang sie, mit ihm zu schlafen. Hinterher aber empfand Amnon eine sehr große Abneigung gegen sie; ja, der Hass, mit dem er sie nun hasste, war größer als die Liebe, mit der er sie geliebt hatte. Amnon sagte zu ihr: Steh auf, geh weg! Sie erwiderte ihm: Nicht doch! Wenn du mich wegschickst, wäre das ein noch größeres Unrecht als das, das du mir schon angetan hast. Er aber wollte nicht auf sie hören, sondern rief den jungen Mann, der in seinen Diensten stand, und sagte: Bringt dieses Mädchen da von mir weg auf die Straße hinaus und schließt die Tür hinter ihr ab! … Von da an lebte Tamar einsam im Haus ihres Bruders Abschalom. Doch der König David erfuhr von der ganzen Sache und wurde darüber sehr zornig. Abschalom aber redete nicht mehr mit Amnon, weder im Guten noch im Bösen; er hasste Amnon, weil dieser seine Schwester Tamar vergewaltigt hatte.

Zwei Jahre später ... befahl Abschalom seinen jungen Leuten: Gebt acht: Wenn Amnon vom Wein guter Laune ist, werde ich zu euch sagen: Schlagt Amnon tot! Dann tötet ihn! Habt keine Angst! Ich selbst habe es euch ja befohlen. Seid mutig und tapfer! Die jungen Leute Abschaloms machten mit Amnon, was ihnen Abschalom befohlen hatte (2 Sam 13,1-29).

Wort zum Tag

Auch die Kinder Davids scheuen sich nicht vor Verbrechen am Königshof. Teils aus sexueller Lust, teils aus Machtgier vergehen sich die Königssöhne an ihren eigenen Geschwistern. So erzählt das 2. Samuelbuch, wie Davids Erstgeborener, der Kronprinz Amnon, aus ungestilltem Verlangen seine Halbschwester Tamar vergewaltigt. Da Tamar noch Jungfrau ist, ist dies in Israel eine besonders schwere „Schandtat". Amnon wäre nach dem Geschlechtsakt zur Ehe mit Tamar verpflichtet gewesen.

So heißblütig, wie er sich zunächst seiner Halbschwester bemächtigte, so kaltblütig verstößt Amnon sie jedoch im Anschluss an die Tat. Die Frau ist für ihn kein lebendiges Gegenüber, auf dessen Stimme er hört, sondern wie ein Gegenstand, den er nach Belieben benutzt. „Bringt dieses Mädchen da von mir weg auf die Straße hinaus und schließt die Tür hinter ihr ab!", sagte Amnon zu seinem Diener (2 Sam 13,17). Durch Amnons Schuld gilt Tamar von nun an als entehrte Frau, einer Hure gleich und ohne Aussicht darauf, noch einen Ehemann zu finden.

Tamar setzte sich verbal zur Wehr. „Doch Amnon wollte nicht auf sie hören, sondern packte sie und zwang sie, mit ihm zu schlafen" (2 Sam 13,14). Nach der Vergewaltigung wirft er sie hinaus auf die Straße. Im Hause ihres Bruders lebte sie fortan schweigend und vergessen. Der eigene Bruder Abschalom will sie überreden, die Tat zu verharmlosen: „Ihr Bruder Abschalom fragte sie: War dein Bruder Amnon mit dir zusammen? Sprich nicht darüber, meine Schwester, er ist ja dein Bruder. Nimm dir die Sache nicht so zu Herzen!" (2 Sam 13,20).

Tamar selbst macht das Verbrechen zwar öffentlich, findet bei David, der es als König und Vater zu bestrafen hätte, aber keine Unterstützung. Nach einiger Zeit nimmt jedoch ihr leiblicher

Bruder Abschalom die Sühnung der Untat in die Hand. Durch eine List lockt er seinen Halbbruder Amnon vom Hofe weg und lässt ihn erschlagen. Sein Motiv aber ist nicht nur Rache, sondern auch Machtgier. Er wird Thronerbe seines Vaters David, nachdem er den Kronprinzen Amnon ermorden ließ.
Zwei Jahre haben die Söhne Davids nicht mehr miteinander geredet. Durch das Schweigen wächst der Hass. Schließlich ist der Hass so stark, dass der Bruder den Bruder ermorden lässt. Der Täter wird beseitigt. Die Rache hat ihr neues Opfer. Auch heute meinen noch viele, mit Blutrache könne man schlimme Taten sühnen. Rache ist oft maßlos und zerstört ganze Familien. In unserem Land stehen Rachetäter vor Gericht, weil sie ihre eigene Schwester mit dem Tod bestraft haben.
„Amnon und Tamar" ist eine Geschichte des Schreckens, die den Atem stocken lässt, und es gibt kein einfaches Lesen dieses Textes. Die Gewalt wird zwar beim Namen genannt, aber Tamar wird nicht gehört. Sie wird zum Schweigen gebracht – so endet die Erzählung und danach wird von ihr kein Wort mehr erzählt.

Wort in den Tag

Die Gewalt ist mitten unter uns. Verharmlosen wir die Taten und Worte der Gewalt? Rita Wismann-Baratto schreibt: „Sexuelle Gewalt gegen Frauen ist eines jener gesellschaftlichen Tabus, die sich durch die Entwicklungen und Strömungen der Jahrhunderte hindurch aufrechterhalten haben. Immer schon und nach wie vor bleiben viele Frauen mit ihrer Erfahrung von Gewalt alleine und sprachlos. Während Sie diesen Schrifttext lesen, erfährt irgendwo in unserem Land eine Frau sexuelle Gewalt."

25. Tag · Mittwoch

Vom Freund verraten

Wort der Schrift

Da sagte die Pförtnerin zu Petrus: Bist du nicht auch einer von den Jüngern dieses Menschen? Er antwortete: Nein. Die Diener und die Knechte hatten sich ein Kohlenfeuer angezündet und standen dabei, um sich zu wärmen; denn es war kalt. Auch Petrus stand bei ihnen und wärmte sich ... Sie sagten zu ihm: Bist nicht auch du einer von seinen Jüngern? Er leugnete und sagte: Nein. Einer von den Dienern des Hohepriesters, ein Verwandter dessen, dem Petrus das Ohr abgehauen hatte, sagte: Habe ich dich nicht im Garten bei ihm gesehen? Wieder leugnete Petrus und gleich darauf krähte ein Hahn (Joh 18,17-18 und Joh 18,26-27).

Wort zum Tag

„Denn nicht mein Feind beschimpft mich, das würde ich ertragen; nicht ein Mann, der mich hasst, tritt frech gegen mich auf, vor ihm könnte ich mich verbergen. Nein, du bist es, ein Mensch aus meiner Umgebung, mein Freund, mein Vertrauter, mit dem ich, in Freundschaft verbunden ..." (Psalm 55,13-15).
Das ist bitter, wenn ein Freund sein Wort nicht hält. Und es ist besonders schmerzhaft, wenn ein Freund zum Verräter wird. Es gibt viele Spielarten des Verrates. Mobbing ist heute zum Gesellschaftsspiel geworden. In dieser Ellbogengesellschaft gibt es Verleumdung in der Schule, Verrat am Arbeitsplatz von besten Freunden. Es ist erstaunlich, was Menschen sich antun.
Auch Jesus kannte den Verrat und die Verleugnung durch seine Freunde. Der Apostel Judas hat ihn mit einem Kuss verraten und sogar Petrus hat ihn verleugnet.
„Da sagte die Pförtnerin zu Petrus: Bist du nicht auch einer von den Jüngern dieses Menschen? Er antwortete: Nein. Die Diener und die Knechte hatten sich ein Kohlenfeuer angezündet und standen dabei, um sich zu wärmen; denn es war kalt. Auch Petrus stand bei ihnen und wärmte sich" (Joh 18,17-18).
Petrus, der mutig die Gefangennahme Jesu mit dem gezückten Schwert verhindern wollte, ist feige. Er ist nicht besser als Judas,

der mit einem Kuss Jesus verrät und dadurch seinen besten Freund ausliefert. Petrus, den man „den Felsen“ nennt, verleugnet beim Hahnenschrei seinen Freund. Einst wollte er für Jesus durchs Feuer gehen, war bereit, für ihn zu sterben, doch dann stirbt Jesus für ihn.

Petrus ist am Boden zerstört, er weint. Im Lukasevangelium heißt es: „Und er ging hinaus und weinte bitterlich“ (Lk 22,62). Der Verrat macht die Welt finster und kalt, da wärmt auch das Kohlenfeuer im Hof des Hohepriesters nicht mehr!

Der Verrat hat viele Gesichter. Petrus sagt gleich dreimal: „Ich kenne diesen Menschen nicht“ (Mk 14,71). Das ist besonders schlimm, wenn man sich auf den Freund nicht mehr verlassen kann. Bei so vielen Liebesschwüren schlägt der Verrat durch den Freund eine tiefe Wunde, die kein Therapeut so schnell heilen kann.

Wie wunderbar ist der Dialog der Versöhnung zwischen dem Auferstandenen und dem Verräter Petrus:

„Als sie an Land gingen, sahen sie am Boden ein Kohlenfeuer und darauf Fisch und Brot … Als sie gegessen hatten, sagte Jesus zu Simon Petrus: Simon, Sohn des Johannes, liebst du mich mehr als diese? Er antwortete ihm: Ja, Herr, du weißt, dass ich dich liebe. Jesus sagte zu ihm: Weide meine Lämmer! Zum zweiten Mal fragte er ihn: Simon, Sohn des Johannes, liebst du mich? Er antwortete ihm: Ja, Herr, du weißt, dass ich dich liebe. Jesus sagte zu ihm: Weide meine Schafe! Zum dritten Mal fragte er ihn: Simon, Sohn des Johannes, liebst du mich? Da wurde Petrus traurig, weil Jesus ihn zum dritten Mal gefragt hatte: Hast du mich lieb? Er gab ihm zu Antwort: Herr, du weißt alles; du weißt, dass ich dich lieb habe. Jesus sagte zu ihm: Weide meine Schafe!“ (Joh 21,9 und 21,15-17).

Beim Kohlenfeuer geschah der Verrat, bei einem Kohlenfeuer erfolgt auch die Versöhnung. Der auferstandene Jesus erscheint dem Petrus am Ufer des Sees von Tiberias und wieder brennt ein Feuer.

Jesus sieht in das Herz des Verräters. Er sieht nicht nur seine Schwäche, sein Versagen, sondern auch seine bittere Reue, seine Tränen. Und aus dem dreimaligen „Nein“ im Palasthof des Hohepriesters wird jetzt ein dreimaliges „Ja, Herr, du weißt, dass ich dich liebe.“

Dreimal hatte Petrus ihn verleugnet und dreimal bezeugt Petrus nun seine Liebe.
Der erste „Papst" hatte keine „makellose Weste". Es ist also nicht entscheidend, wie oft wir versagen. Entscheidend ist, dass wir bereuen. Dass wir den Hahnenschrei unseres Gewissens hören und umkehren. Wer dann erfährt, dass er dennoch angenommen wird, kann gar nicht anders, als in seiner Liebe treu zu sein. Jeder wird schuldig. Es kommt nur auf das Maß der Reue und Liebe an.

Wort in den Tag
Manchmal bekomme ich trotz guter Vorsätze den Wandel nicht hin. Immer wieder der gleiche Fehler. Wenn ich Petrus anschaue und sehe, wie Jesus mit ihm umgeht, brauche ich nicht zu resignieren. Barmherzigkeit ist grenzenlos und Liebe ohne Maß.

Liebst du mich?

Herr,
wenn du diese Frage
mir stellen würdest,
ich könnte dir wahrscheinlich nicht
in die Augen sehen,
ich wäre auch nicht fähig,
dir eine klare Antwort zu geben.

Herr,
ich spüre es, es ist die
entscheidende Frage
überhaupt,
und ich werde ihr
nicht ausweichen können.
Nur kraft deiner Liebe
weiß ich es im Herzen:
Ein ganz leises
Ja
genügt dir.

Maria Höller[10]

26. Tag · Donnerstag

Gnade für Judas?

Wort der Schrift
Während er noch redete, kam Judas, einer der Zwölf, mit einer großen Schar von Männern, die mit Schwertern und Knüppeln bewaffnet waren; sie waren von den Hohepriestern und den Ältesten des Volkes geschickt worden. Der Verräter hatte mit ihnen ein Zeichen verabredet und gesagt: Der, den ich küssen werde, der ist es; nehmt ihn fest. Sogleich ging er auf Jesus zu und sagte: Sei gegrüßt, Rabbi! Und er küsste ihn. Jesus erwiderte ihm: Freund, dazu bist du gekommen? Da gingen sie auf Jesus zu, ergriffen ihn und nahmen ihn fest (Mt 26,47-50).

Wort zum Tag
Mit einem Kuss verrät Judas seinen Herrn. Mit dem Zeichen der Freundschaft liefert er Jesus aus. Er hatte den Verrat mit diesem Zeichen verabredet. Er ließ sich den Verrat sogar mit dreißig Silberlingen bezahlen. Man kann es deuten, wie man will. Diese Tat ist schändlich. Im Abendmahlssaal lag der Verräter noch mit am Tisch. Jesus deutete es an, dass er um seinen Verrat wusste. „Und während sie aßen, sprach er: Amen, ich sage euch: Einer von euch wird mich verraten und ausliefern" (Mt 26,21). Jesus versteht den Verrat als seinen vorbestimmten Weg: „Der Menschensohn muss zwar seinen Weg gehen, wie die Schrift über ihn sagt. Doch weh dem Menschen, durch den der Menschensohn verraten wird. Für ihn wäre es besser, wenn er nie geboren wäre" (Mt 26,24). Als Judas hinausging, war es dunkle Nacht. Gibt es dennoch Gnade für Judas? Oder bleibt das Verhältnis von Judas Iskariot und Jesus unversöhnt? Auch Judas hat Jesus leidenschaftlich geliebt, das behaupten heute einige Bibelwissenschaftler. Mag sein, dass Judas seinen Herrn liebte. Er war vielleicht nur ein ungeduldiger Mensch und wollte eine Entscheidung herbeizwingen. Mit seinem Verrat sollte sich der Messias, der König von Israel, endlich offenbaren. Jesus sollte sein Inkognito aufgeben.
Judas war von Jesus enttäuscht, weil er die weltliche Macht so konsequent ablehnte. Immerhin wurden die Juden von den

Römern brutal unterdrückt. Judas wünschte sich die Befreiung seines Volkes durch einen Aufstand und wollte, dass Jesus seine Macht einsetzt, um die Römer aus dem Land zu treiben.
Er glaubte an die Macht Jesu und wollte ihn mit seinem Verrat zum Handeln zwingen.
Judas sieht Jesus immer noch als politischen Kampfgefährten an. Die Entscheidung muss endlich fallen. Aber Jesus ist nicht erpressbar. Als Judas seinen Irrtum feststellt, ist er tief enttäuscht. Er ist total verzweifelt. Sein Leben hat keinen Sinn mehr. Judas wird zur tragischen Figur, die ihrem sinnlosen Leben ein Ende setzt.
Gnade auch für Judas? Einige Bibelwissenschaftler sprechen für Judas Iskariot: War Judas doch kein Verräter, sondern das Werkzeug eines göttlichen Heilsplanes? „Man liebt den Verrat, aber nicht den Verräter", lautet ein bekanntes Sprichwort. Der Satz umreißt präzise die Rolle, die in den Evangelien dem Christusverräter Judas zugedacht ist. Sein Verrat bringt Jesus ans Kreuz – und schafft damit doch erst die Voraussetzung für die heilsgeschichtliche Erlösertat Christi. Jesus selbst spricht öfters von dem Heilsplan, den er erfüllen muss. Als Petrus bei der Gefangennahme Jesu mit dem Schwert hantiert, sagt Jesus zu ihm: „Oder glaubst du nicht, mein Vater würde mir sogleich mehr als zwölf Legionen Engel schicken, wenn ich ihn darum bitte? Wie würde dann aber die Schrift erfüllt, nach der es so geschehen muss?" (Mt 26,53f.). Ist so auch Judas nur ein „Handlanger" im Heilsplan Gottes? Jesus fordert Judas sogar auf, den Verrat nicht hinauszuzögern: „Als Judas den Bissen Brot genommen hatte, fuhr der Satan in ihn. Jesus sagte zu ihm: Was du tun willst, das tu bald!" (Joh 13,27).
In der Literatur hat Judas Fürsprecher gefunden. Klopstock, Goethe, Walter Jens und sogar Joseph Goebbels gehörten dazu. Der Schriftsteller Anton Dietzenschmidt stellte in seiner Judastragödie „Der Verräter Gottes" Judas als den Jünger vor, der als Einziger den Willen des „Lammes Gottes" verstanden habe. Erst durch seine Tat konnten Opfertod und Erlösung wirklich beginnen.
Jeder wird schuldig. Die Passionsberichte zeigen uns zwei Wege, wie man mit der Schuld umgehen kann: Judas verrät den Herrn

mit einem Kuss. Petrus verleugnet ihn dreimal, ehe der Hahn kräht. Judas versinkt in hoffnungsloser Verzweiflung, erhängt sich mit einem Strick. Petrus weint bitterlich. Petrus wird später von dem Auferstandenen dreimal gefragt: Liebst du mich? Er antwortet: Du weißt, Herr, dass ich dich liebe! (vgl. Joh 21,15f.). Der Verräter mitten unter uns? Der Verräter in uns? Der Kuss als Zeichen des Verrates? Wie oft wird Vertrauen missbraucht? Wie oft ist Höflichkeit Lüge und ein freundlicher Gruß nur Tarnung der Missgunst? Wie oft wird der Freund getäuscht und hintergangen? Wie viele Ehen werden geschieden nach tausend Küssen und Schwüren? Auf Menschen ist selten Verlass, das bekam Jesus selber zu spüren. Das ist die Passion auch unserer Zeit: Die Geschichte des Verrates ist noch nicht zu Ende.

Wort in den Tag

Und noch ein Fürsprecher: SIMON VON CYRENE.
Zum andern Mal hat er sich bekannt,
als sie schaudernd den Baum umstanden,
an dem sich Judas selber gerichtet.
Keiner wollte den Strick abschneiden.
Simon löste sein Winzermesser
vom Gürtel und einer der Jünger schrie:
„Berühr ihn nicht, er ist der Verräter!"
Simon lud sich den Toten auf
und trat aus dem Schatten. „Wo bist du gewesen,
als sie Jesus nach Golgatha schleppten?
Ich habe ihm sein Kreuz nachgetragen,
ich trage ihm auch den Judas nach",
sagte er. Und sie wichen verstört.

Christine Busta[11]

27. Tag · Freitag

Aug um Aug, Zahn um Zahn?

Wort der Schrift

Ihr habt gehört, dass gesagt worden ist: Auge für Auge und Zahn für Zahn. Ich aber sage euch: Leistet dem, der euch etwas Böses antut, keinen Widerstand, sondern wenn dich einer auf die rechte Wange schlägt, dann halt ihm auch die andere hin.
Und wenn dich einer vor Gericht bringen will, um dir das Hemd wegzunehmen, dann lass ihm auch den Mantel.
Und wenn dich einer zwingen will, eine Meile mit ihm zu gehen, dann geh zwei mit ihm (Mt 5,38-41).

Wort zum Tag

Die Bergpredigt setzt sich mit dem „Jus taleonis" auseinander, dem Gesetz der Vergeltung, das in Israel galt: „Zu euren Vätern wurde gesagt, Aug um Aug, Zahn um Zahn. Ich aber sage euch …" Rache war das Gesetz der archaischen Völker. Wenn ein Stammesmitglied getötet wurde, tötete man aus Rache nicht nur den Mörder, sondern die ganze feindliche Sippe, also auch Frauen und Kinder. Das Gesetz der Rache kennt kein Maß. Das Gesetz der Vergeltung „Aug um Aug" war insofern ein Fortschritt, denn es gibt der Rache ein Maß.
Gerichte verfahren auch heute nach dem Gesetz der Vergeltung. Jedes Delikt wird bestraft. Das Strafmaß muss der Tat angemessen sein. Wenn die Strafe gebüßt ist, kann der Täter in die Gesellschaft wieder integriert werden.
Die Bergpredigt bringt ein neues Gesetz: Wenn dich einer auf die rechte Wange schlägt, dann halte ihm auch die andere hin. Wir müssen genau lesen! Es heißt nicht: dann dulde das! – nein, dann werde neu aktiv, schlage nicht einfach zurück, gebrauche deine Fantasie und überwinde Gewalt mit Liebe! Mag sein, dass man mit der Bergpredigt nicht regieren kann, wie einige Politiker behaupten. Sicher ist, dass ich angesichts der schrecklichen Terrorakte oft zur Rache der Stammeskrieger zurückkehre. In Gedanken sinne ich auf Vergeltung. Aber Gewalt erzeugt Gewalt und ein Gegenschlag wird neue Terrorakte herausfordern.

Jesus Christus verkündet uns einen Gott der Gewaltlosigkeit, einen Gott der Liebe und Barmherzigkeit. „Liebet eure Feinde – segnet, die euch fluchen ..." (vgl. Mt 5,44 und Römer 12,14). Wie soll ich diesen Rat verwirklichen? Soll ich dem, dem ich am liebsten ein Messer zwischen die Rippen stoßen möchte, die andere Wange hinhalten? Ich würde zum Heuchler. Was wir auch immer tun, die Gewalt ist die erste Reaktion. Die Wehrlosigkeit – die andere Backe hinzuhalten – würde jeden überraschen. Die Friedensbewegungen lehren uns den gewaltlosen Widerstand, wie es Gandhi und Martin Luther King vorgelebt haben.
Feindesliebe? Ist das nicht viel zu groß für mich? Mit kleinen Schritten fange ich manchmal bei mir selbst an. Ich versuche, den „Feind" in Gedanken zu segnen. Wer segnet, wagt die Probe und den Test mit der Bergpredigt.
Segnen ist eine Alternative zu jeder Form des Hasses und der Verteufelung. Das Testfeld sind unsere Gedanken und Gefühle. Hier beginnt der Frieden, denn die Gedanken sind eine Macht. Wer segnet, wird die negativen Gedanken, die vergiften, vertreiben und positiv denken.
In einer Zeit, wo Andersdenkende schnell verteufelt werden und Fanatismus vor Gewalt nicht zurückschreckt, ist der Segen geradezu lebensnotwendig geworden. Der Segen ist die Sprache des Friedens; er heilt Missgunst und Hass. Der Segen verwandelt Triebe, die zerstören, in Kräfte, die versöhnen.

Wort in den Tag
„Segnet eure Verfolger; segnet sie, verflucht sie nicht!" (Röm 12,14), schreibt der heilige Paulus. Die Gedanken sind eine Macht, die unser Verhalten bestimmen. Im Lateinischen heißt segnen: bene-dicere – Gutes sagen. Wer segnet, wünscht dem anderen Gutes, Gesundheit und Glück. Sein ganzes Wohlwollen wendet er ihm zu.

28. Tag · Samstag

Feindesliebe – die Bergpredigt

Wort der Schrift

Ihr habt gehört, dass gesagt worden ist: Du sollst deinen Nächsten lieben und deinen Feind hassen. Ich aber sage euch: Liebt eure Feinde und betet für die, die euch verfolgen, damit ihr Söhne eures Vaters im Himmel werdet; denn er lässt seine Sonne aufgehen über Bösen und Guten und er lässt regnen über Gerechte und Ungerechte ... Ihr sollt also vollkommen sein, wie es auch euer himmlischer Vater ist (Mt 5,43-45.48).

Wort zum Tag

Das Verzeihen besteht darin, auf die Rache zu verzichten und trotz allem den anderen zu lieben. Ein übermenschlicher Anspruch. Die christliche Tradition zeigt uns eindrucksvolle Lebenszeugnisse dieser Haltung. Wir kennen das Beispiel des heiligen Stephanus, des ersten Märtyrers, der für diejenigen betete, die ihn steinigten.

In der Apostelgeschichte heißt es: „So steinigten sie Stephanus; er aber betete und rief: Herr Jesus, nimm meinen Geist auf! Dann sank er in die Knie und schrie laut: Herr, rechne ihnen diese Sünde nicht an! Nach diesen Worten starb er“ (Apg 7,59f.).

Stephanus geht in den Fußspuren seines Herrn. Der Evangelist Lukas schreibt in seinem Passionsbericht: „Zusammen mit Jesus wurden auch zwei Verbrecher zur Hinrichtung geführt. Sie kamen zur Schädelhöhe; dort kreuzigten sie ihn und die Verbrecher, den einen rechts von ihm, den andern links. Jesus aber betete: Vater, vergib ihnen, denn sie wissen nicht, was sie tun“ (Lk 23,32-34).

Immer wieder haben Christen in der Überzeugung ihres Glaubens ihren Henkern und Mördern verziehen. Das Kolosseum in Rom und die Schafotts in Paris, die Gaskammern im KZ und die Hinrichtungsstätten in kommunistischen Ländern haben solche Worte gehört. Feindesliebe ist ganz real erfahrbar, wenn man die Weltgeschichte studiert:

Das elfjährige Mädchen Maria Goretti wurde am 5. Juli 1902 nach einem Sexualdelikt durch Alessandro Serenelli schwer ver-

letzt in das Hospital in Nettuno, Italien, eingeliefert, wo es jedoch einen Tag später verstarb. Noch auf dem Sterbebett vergab sie ihrem Peiniger und erklärte dem Priester: „Ja, ich verzeihe Alessandro aus Liebe zu Jesus und ich will, dass auch er mit mir in den Himmel komme."
Am 13. Mai 1981 gibt der türkische Terrorist Ali Agca auf dem Petersplatz in Rom zwei Schüsse auf den Papst ab. Er trifft Johannes Paul II in die Bauchgegend. Vier Tage nach der Operation sagt der Papst: „Ich bete für den Bruder, der mich verletzt hat und dem ich aufrichtig verziehen habe." Er besuchte ihn später im Gefängnis und sprach 20 Minuten mit ihm. Beim Abschied küsste Ali dem Papst die Hand.
Auch heute geschehen diese Wunder. Im Jahr 1994 wurde ein Trappistenkloster in Algerien von Aufständischen überfallen. Zusammen mit einigen seiner Mitbrüder wurde auch der Trappist Christian beim nächtlichen Überfall getötet. Christian hinterließ einen Abschiedsbrief an seine Familie. Es ist sein „geistliches Testament" und wurde nach seinem Tod veröffentlicht. In diesem Testament dankt Christian allen, die ihm im Leben begegnet sind, und er sagt wörtlich: „In diesen Dank seid ihr alle eingeschlossen, ihr alle meine Freunde von gestern und von heute ... Und auch dir, meinem Freund der letzten Stunde, gilt mein Dank. Ja, auch du, der du nicht wusstest, was du tatest, bist in meine Danksagung eingeschlossen. Ich sehe dich genau vor mir und sage dir ‚Danke' und ‚bis bald', denn ich hoffe, dass wir uns – glücklich wie der Schächer am Kreuz – einst im Himmel wiedersehen."[12]

Wort in den Tag

Vielleicht denke ich jetzt, dass es sich hierbei um Ideale handelt, die man bewundern, aber nicht nachahmen kann. In mir ist wenig Neigung, ein Held zu werden. Kann eine Mutter jemals dem Mörder ihres Kindes verzeihen? Können wir jemandem verzeihen, der uns vor anderen vollkommen kleingemacht hat, der uns die Freiheit oder die Würde genommen, uns belogen und betrogen hat? Es gibt immer Situationen, in denen wir unseren ganzen Mut brauchen, um nicht den Rachegedanken zu verfallen, sondern fähig bleiben zu verzeihen.

Kirchliche Wege der Versöhnung

29. Tag · Montag

Schwarze Worte – heilende, heilige Worte?

Wort der Schrift

Oder denkt an die Schiffe: Sie sind groß und werden von starken Winden getrieben und doch lenkt sie der Steuermann mit einem ganz kleinen Steuer, wohin er will.
So ist auch die Zunge nur ein kleines Körperglied und rühmt sich doch großer Dinge. Und wie klein kann ein Feuer sein, das einen großen Wald in Brand steckt.
Auch die Zunge ist ein Feuer, eine Welt voll Ungerechtigkeit. Die Zunge ist der Teil, der den ganzen Menschen verdirbt und das Rad des Lebens in Brand setzt … Die Zunge kann kein Mensch zähmen, dieses ruhelose Übel, voll von tödlichem Gift.
Mit ihr preisen wir den Herrn und Vater und mit ihr verfluchen wir die Menschen, die als Abbild Gottes erschaffen sind (Jak 3,4-9).

Wort zum Tag

Das Wörterbuch der deutschen Sprache ist eine Sammlung von etwa 300 000 Wörtern. Und man sagt, es kommen jährlich 2 000 neue hinzu. Eine Inflation von Wörtern? Welches Wort hat unter so vielen Wörtern schon Bedeutung?
Manchmal hat das Wort eine große Macht. Es kann alles verändern. Sie stehen am Schalter einer Bank. Da ruft einer: „Überfall!" Sie sitzen im Kino. Da schreit einer: „Feuer!" Das eine Wort löst Panik aus. Es hat eine erstaunliche Wirkung. Sie gehen zum Arzt und der sagt: „Unheilbar – Krebs!" Nach diesem schrecklichen Wort ist nichts mehr so, wie es vorher war. Viele Ehepaare wissen noch ganz genau, wann und wo sie zum ersten Mal sagten: „Du – ich liebe dich!"

Worte können heilen, Worte können verletzen.
Worte können aufbauen, Worte können niederreißen.
Worte können befreien, Worte können alles zerstören.

Mit Worten preisen wir den Herrn und mit Worten verfluchen wir die Menschen, die als Abbild Gottes erschaffen sind (vgl. Jak 3,9).

Gibt es das „schwarze Wort", von dem Hilde Domin[13] spricht?

Unaufhaltsam.
Das eigene Wort.
wer holt es zurück,
das lebendige
eben noch ungesprochene Wort?
Wo das Wort vorbeifliegt,
verdorren die Gräser,
werden die Blätter gelb,
fällt Schnee.
Ein Vogel käme dir wieder.
Nicht dein Wort,
das eben noch ungesagte,
in deinen Mund.
Du schickst andere Worte hinterdrein.
Worte mit bunten, weichen Federn.
Das Wort ist schneller,
das schwarze Wort.
Es kommt immer an,
es hört nicht auf, anzukommen.
Besser ein Messer als ein Wort.
Ein Messer kann stumpf sein.
Ein Messer trifft oft
am Herzen vorbei.
Nicht das Wort.
Am Ende ist das Wort,
immer
am Ende
das Wort.

Hilde Domin

Dieses Gedicht wurde schon vielen Abiturienten als Thema der Klausurarbeit vorgelegt. „... das schwarze Wort. Es kommt

immer an ... Besser ein Messer als ein Wort ... Am Ende ist das Wort." Sind so unsere Worte? Schärfer noch als Messer, unverzeihlich, unversöhnlich?
Kann man manche Worte nicht mehr korrigieren? Es gibt für Worte keinen Radiergummi, wenn sie ausgesprochen wurden. Endgültig haben sie Freundschaften zerstört, Missgunst gesät, Ehen zerbrochen, Kriege ausgelöst. Das schwarze Wort?
In einem Streit mit ihrer Mutter hatte ein Mädchen ein Wort ausgesprochen, das die Mutter tief verletzte. „Ich konnte den Gedanken nicht ertragen, meiner Mutter eine so unheilbare Wunde zugefügt zu haben." Am nächsten Tag schrieb das Mädchen in der Schule einen Aufsatz über das Gedicht von Hilde Domin. In ihr war nur Protest gegen das schwarze Wort, das man nie mehr heilen kann. „Ich finde, der Schluss darf so nicht stehen bleiben." Sie versuchte eine Umdichtung des Textes:

„Zeit
braucht sie,
die Wunde;
Zeit und Zärtlichkeit, um zu heilen.
Das verdorrte Gras braucht Zeit
und die behutsame Hand des Gärtners.
Auch die Bäume werden
erst im Frühling wieder grün.
Doch dann
– erst zögernd zwar –
schmilzt der Schnee
unaufhaltsam."

Am Abend folgte dann eine Aussprache zwischen Mutter und Tochter. Die Tochter las der Mutter ihren Schulaufsatz vor und alles war „fast wieder gut". Die Schreiberin gelobt sich dann, möglichst nie mehr einen Menschen mit dem unaufhaltsamen „schwarzen Wort" zu verletzen.
Das Wort? Ein schwarzes Wort oder ein heilendes Wort? Gibt es das? Das versöhnende, heilende Wort muss mir jemand sagen. Das kann ich mir nicht selber zusprechen. Es muss mir ge-

schenkt werden. Glücklich, wer auf dieses heilende, heilige Wort trifft. Er wird sich erfahren wie ein Gefangener, dem nach langer Kerkerhaft die Tür in die Freiheit geöffnet wird.
Es gehört zu den Wörtern, von denen Jesus sagt: „Himmel und Erde werden vergehen, aber meine Worte werden nicht vergehen" (Mk 13,31).
Ein Mann hat mir geholfen, dass ich dieses Wort als Priester nie mehr gedankenlos ausspreche: In unserem Kloster laden wir ein zu seelsorglichen Gesprächen. Ein evangelischer Mann hatte sich angemeldet. Er war mit dem Gesetz in Konflikt geraten. Er war vom Gericht verurteilt worden. Er hatte die Strafe abgebüßt. In seiner Gemeinde war er wieder aufgenommen worden. Aber innerlich drückte die Schuld auf sein Gewissen. Er war auf der Suche nach einem, der ihm sagte: „Auch Gott verzeiht dir."
„Als evangelischer Christ kann ich das Gleichnis vom ‚verlorenen Sohn' in der Bibel lesen", sagte er. „Aber ihr Katholiken sprecht von der Beichte, dem Bußsakrament. Erklären Sie mir, was das bedeutet!" Nach mehreren Gesprächen hat dieser Mann am Karfreitag das Sakrament empfangen. Ich habe selten einen glücklicheren Menschen nach einem Beichtgespräch gesehen. Und ich habe als Priester wieder die Ehrfurcht vor diesem Wort gelernt: „Ego te absolvo … Ich spreche dich los!"
Es gibt schwarze Worte, es gibt heilige Worte. Es gibt Lebensworte und Worte, die Leben vernichten. War es eine Sternstunde, als Jesus zum Pfingstfest seine Jünger beauftragte, Sünden zu vergeben? „Jesus sagte noch einmal zu ihnen: Friede sei mit euch! Wie mich der Vater gesandt hat, so sende ich euch. Nachdem er das gesagt hatte, hauchte er sie an und sprach zu ihnen: Empfangt den Heiligen Geist! Wem ihr die Sünden vergebt, dem sind sie vergeben; wem ihr die Vergebung verweigert, dem ist sie verweigert" (Joh 20,21-23).

Wort in den Tag
Haben Sie schon einmal erfahren, was das bedeutet, wenn einer nach Jahren zu Ihnen sagt: „Ich verzeihe dir"? Haben Sie schon erlebt, dass ein Priester zu Ihnen sagte: „Ich spreche dich los"?

30. Tag · Dienstag

Der barmherzige Vater

Wort der Schrift
Der Vater sah ihn schon von Weitem kommen und er hatte Mitleid mit ihm. Er lief dem Sohn entgegen, fiel ihm um den Hals und küsste ihn (Lk 15,20).

Wort zum Tag
Strenger Richter aller Sünder oder barmherziger Vater? Wie zeigt sich Gott? Die biblischen Schriften sprechen vom gerechten Gott, der die Abtrünnigen bestraft. Sie sprechen aber auch immer wieder von einem Gott, der „gnädig und barmherzig, voller Huld und Güte ist." Grenzenlos ist seine Barmherzigkeit. Immer wieder schließt Gott den Bund der Versöhnung mit seinem Volk, das den Götzen nachläuft. „So weit die Wolken ziehen …"
Jesus zeigt uns Gott als den barmherzigen Vater. Das Wort Barmherzigkeit setzt sich zusammen aus: „Bei Armen sein Herz haben". Auch im Lateinischen ist das Wort „misericordia" zusammengesetzt aus cor – das Herz – und miserabilis – beklagendwert, elend. Ist das nicht anmaßend, solches von Gott zu sagen? „Gott hat sein Herz beim Miserablen!"
Wer wissen will, wie Gott ist und wie er zu uns steht, der muss Lukas Kapitel 15 lesen. Wir wollen etwas ganz Einfaches tun. Wir lesen das Gleichnis vom verlorenen Sohn oder besser das Gleichnis vom barmherzigen Vater nach seinen literarischen Sinnabschnitten. Ob wir das schon richtig verstanden haben?

Weiter sagte Jesus: Ein Mann hatte zwei Söhne. Der jüngere von ihnen sagte zu seinem Vater: Vater, gib mir das Erbteil, das mir zusteht. Da teilte der Vater das Vermögen auf. Nach wenigen Tagen packte der jüngere Sohn alles zusammen und zog in ein fernes Land.

> Der Vater achtet die Freiheit seines Sohnes. Ohne Widerrede gibt er dem Sohn sein Erbe und lässt ihn gehen. Der Sohn kehrt dem Vater den Rücken. Gott achtet die Freiheit des Menschen. Gott setzt sich selbst eine Grenze, die Freiheit des

Menschen. Dieser kann sich gegen Gott entscheiden. Der Mensch kann Gott den Rücken kehren. Gott lässt das zu.

Dort führte er ein zügelloses Leben und verschleuderte sein Vermögen. Als er alles durchgebracht hatte, kam eine große Hungersnot über das Land und es ging ihm sehr schlecht.

Der autonome Mensch ist „Schmied seines eigenen Glückes". Wir machen das schon auch ohne Gott. Doch manchmal macht das Schicksal uns „einen Strich durch die Rechnung". Eine Krankheit, ein Unfall, eine Scheidung. Hier ist es die Hungersnot. Nachdem er alles durchgebracht hatte, stand er da wie ein Bettler.

Da ging er zu einem Bürger des Landes und drängte sich ihm auf; der schickte ihn aufs Feld zum Schweinehüten. Er hätte gern seinen Hunger mit den Futterschoten gestillt, die die Schweine fraßen; aber niemand gab ihm davon.

Kommt er jetzt zur Besinnung? Nein! Er versucht seine Situation selbst zu meistern. „Er drängt sich einem Bürger auf." Der lässt ihn Schweine hüten. Er nimmt den verachtesten Job an. Schweine waren damals unreine Tiere. Er tut alles, um sich selbst aus der Not zu befreien. Aber er kann seinen Hunger nicht stillen. Seine Sehnsucht kann er nicht mit Futterschoten stillen.

Da ging er in sich und sagte: Wie viele Tagelöhner meines Vaters haben mehr als genug zu essen und ich komme hier vor Hunger um.

Jetzt kommt er zur Besinnung. Und er erinnert sich an sein Vaterhaus. Wie wichtig manchmal im Leben gute Erinnerungen sind. Wenn Kinder nach der feierlichen Erstkommunion nicht mehr die Kirche besuchen, nehmen sie eine Erinnerung an die Gemeinde mit. Diese Erinnerung kann für spätere Lebenssituationen (Todesfall, Trauung) ganz wichtig werden.

Ich will aufbrechen und zu meinem Vater gehen und zu ihm sagen: Vater, ich habe mich gegen den Himmel und gegen dich versündigt. Ich bin nicht mehr wert, dein Sohn zu sein; mach mich zu einem deiner Tagelöhner!

Mit einer dreifachen Absichtserklärung umschreibt der verlorene Sohn seinen Entschluss.

1. Er will heimkehren. Er will sein Gesicht wieder dem Vater zuwenden. Er will sich bekehren.

2. Er will nichts vertuschen oder beschönigen: „Ich habe gesündigt!"
3. Er will Buße tun. Nicht Sohn, sondern Knecht will er sein. Er ist bereit, Strafe anzunehmen und als Tagelöhner auf den Feldern zu schuften, bis alles bezahlt ist. Wenn er als Knecht arbeitet und in der Scheune schläft, dann wäre der daheimgebliebene Sohn sicher zufrieden gewesen?

Dann brach er auf und ging zu seinem Vater.

Das muss er tun. Er ist in Freiheit weggegangen. In Freiheit muss er sich jetzt bekehren. Keiner darf ihn dazu zwingen. Metanoia – Umkehr – ist keine billige Gnade. Der Sohn ändert seine Wegrichtung und kehrt zurück in das Vaterhaus.

Der Vater sah ihn schon von Weitem kommen und er hatte Mitleid mit ihm. Er lief dem Sohn entgegen, fiel ihm um den Hals und küsste ihn.

Als der Sohn wegging und dem Vater den Rücken zukehrte, blieb der Vater in der Tür seines Hauses stehen und hielt Ausschau. Im Text heißt es: „Der Vater sah ihn schon von Weitem kommen." Der Vater hatte seinen Sohn nicht abgeschrieben. Er vertraute darauf, dass er wieder heimkommt. Und er lief ihm entgegen. Ein antiker Herr läuft nicht, der schreitet. Dieser Vater aber läuft, so schnell er kann. Das zeigt seine Freude über die Rückkehr des Sohnes. Kann man es besser ausdrücken: „Er fiel ihm um den Hals und küsste ihn."

Der Theologe Karl Rahner schreibt: „Jede Umkehr beginnt mit dem Kuss des barmherzigen Vaters."

Da sagte der Sohn: Vater, ich habe mich gegen den Himmel und gegen dich versündigt; ich bin nicht mehr wert, dein Sohn zu sein.

Zu jedem Weg der Versöhnung gehört, dass man sich bekehrt, also seine Wegrichtung ändert, und dass man seine Schuld bekennt. Ohne „bekehren" und „bekennen" geht es nicht. Alle Verdrängungen und Erklärungsversuche sind unfruchtbar. Der Sohn war auch bereit, Buße zu tun und auf den Feldern als Tagelöhner zu arbeiten. Aber der Vater will keinen Tagelöhner und Knecht. Er will seinen Sohn an seinem Tisch.

Nach der Begegnung mit dem Vater ist vom Tagelöhner keine Rede mehr.

Ist bei uns bei der Beichte die Buße und Wiedergutmachung viel zu sehr in den Mittelpunkt gestellt? Der Verbrecher muss sühnen und eine Strafe abbüßen. Erst dann wird er wieder integriert. Der Vater im Gleichnis aber nimmt seinen Sohn bedingungslos an.

Der Vater aber sagte zu seinen Knechten: Holt schnell das beste Gewand und zieht es ihm an, steckt ihm einen Ring an die Hand und zieht ihm Schuhe an. Bringt das Mastkalb her und schlachtet es; wir wollen essen und fröhlich sein.

Mit drei Zeichen feiert der Vater die Versöhnung mit seinem Sohn: das Festgewand mit den Schuhen, der Siegelring und das Festmahl. Der Sohn wird neu eingekleidet. Sein zerrissenes Bettlerkleid tauscht er mit einem Festgewand. Ein Herrensohn trägt Schuhe und läuft nicht barfuß. Dann steckt der Vater seinem Sohn den Siegelring an die Hand. Der Sohn bekommt damit Unterschriftsvollmacht. Er ist als Sohn wieder anerkannt. Eigentlich ist die Handlung des Vaters unbegreiflich. Wenn ein Drogenabhängiger heimkommt, bekommt er doch nicht gleich das Scheckbuch in die Hand gedrückt. Zuerst muss man seine wirkliche Umkehr prüfen. Er müsste arbeiten und zeigen, dass er auf eigenen Füßen stehen kann und geheilt ist. Oder kann ein Vorschuss an Vertrauen ein Wunder der Heilung bewirken?

Denn mein Sohn war tot und lebt wieder; er war verloren und ist wiedergefunden worden.

Nun folgt die Absolution, der Losspruch. Er lebt wieder! „Er war verloren und ist wiedergefunden worden." Das ist im Passiv ausgedrückt. Nicht der Sohn allein ist der Aktive. Sondern jemand hat ihn gesucht und sehnlich erwartet. Dann endlich ist er wiedergefunden worden. Der heilige Augustinus schrieb einmal: „Gottes Leidenschaft ist der Mensch." Der Barmherzige hat sein Herz beim Armen und der gute Hirte sucht das verlorene Schaf.

Und sie begannen, ein fröhliches Fest zu feiern.

Das wichtigste Zeichen der Versöhnung ist ein Festmahl. Für jeden Israeliten ist das Mahl heilig und eine kultische Feier. Er darf nur mit Gottgläubigen zu Tische sitzen. Das Kapitel 15 bei Lukas beginnt damit, dass die Juden sich aufregen, weil Jesus mit Sündern und Zöllnern zu Tische sitzt. „Er isst

sogar mit ihnen“ (Lk 15,2). Mit einem großen Festmahl bezeugt der Vater, dass der Sohn wieder ganz in sein Haus aufgenommen ist.
Bedenken steigen in mir auf. Ob der verlorene Sohn die Liebe seines Vaters missbraucht? Ob er nicht am nächsten Tag wieder verschwindet? Kann aber einer, der diese grenzenlose Liebe erfahren hat, einfach alles negieren? Ist er durch die erfahrene Barmherzigkeit nicht ein Verwandelter?

Wort in den Tag
Glaube ich an die verwandelnde Kraft der Liebe?

31. Tag · Mittwoch

Ein Wunder der Versöhnung

Wort der Schrift

Wenn einer von euch hundert Schafe hat und eins davon verliert, lässt er dann nicht die neunundneunzig in der Steppe zurück und geht dem verlorenen nach, bis er es findet? Und wenn er es gefunden hat, nimmt er es voll Freude auf die Schultern, und wenn er nach Hause kommt, ruft er seine Freunde und Nachbarn zusammen und sagt zu ihnen: Freut euch mit mir; ich habe mein Schaf wiedergefunden, das verloren war.
Ich sage euch: Ebenso wird auch im Himmel mehr Freude herrschen über einen einzigen Sünder, der umkehrt, als über neunundneunzig Gerechte, die es nicht nötig haben umzukehren (Lk 15,4-7).

Wort zum Tag

Dieses Wort der Schrift sollte man zweimal lesen: „Ich sage euch: Ebenso wird auch im Himmel mehr Freude herrschen über einen einzigen Sünder, der umkehrt, als über neunundneunzig Gerechte, die es nicht nötig haben umzukehren" (Lk 15,7). Manchmal geschieht das Wunder der Versöhnung. Aber wer umkehrt und Versöhnung sucht, braucht ein Wort oder Zeichen des anderen. John Kord Lagemann hat in der Erzählung „Was ist Glück?" eine solche beglückende Erfahrung berichtet:
„Einmal saß ich bei einer Bahnfahrt neben einem jungen Mann, dem sichtlich etwas Schweres auf dem Herzen lastete. Schließlich rückte er dann auch damit heraus: Dass er ein entlassener Sträfling und jetzt auf der Fahrt nach Hause sei. Seine Verurteilung hatte Schande über seine Angehörigen gebracht, sie hatten ihn nie im Gefängnis besucht und auch nur ganz selten geschrieben. Er hoffte aber trotz allem, dass sie ihm verziehen hatten.
Um es ihnen aber leichter zu machen, hatte er ihnen in einem Brief vorgeschlagen, sie sollten ihm ein Zeichen geben, an dem er, wenn der Zug an der kleinen Farm kurz vor der Stadt vorbeifuhr, sofort erkennen könne, wie sie zu ihm stünden. Hatten die

Seinen ihm verziehen, so sollten sie in dem großen Apfelbaum an der Strecke ein weißes Band anbringen. Wenn sie ihn aber nicht wieder daheim haben wollten, sollten sie gar nichts tun, dann werde er im Zug bleiben und weiterfahren, weit weg – Gott weiß, wohin.
Als der Zug sich seiner Vaterstadt näherte, wurde seine Spannung so groß, dass er es nicht über sich brachte, aus dem Fenster zu schauen. Ein anderer Fahrgast tauschte den Platz mit ihm und versprach, auf den Apfelbaum zu achten. Gleich darauf legte er dem jungen Sträfling die Hand auf den Arm. „Da ist er", flüsterte er, und Tränen standen ihm plötzlich in den Augen, „alles in Ordnung. Der ganze Baum ist voller weißer Bänder."
In diesem Augenblick schwand alle Bitternis, die sein Leben vergiftet hatte. „Mir war", sagte der Mann später, „als hätt' ich ein Wunder miterlebt. Und vielleicht war's auch eines."[14]
Es gibt Begegnungen, wo alte Wunden heilen. Es gibt solche Augenblicke, wo alle Bitternis verschwindet, die ein Leben vergiftet hat.
Der Sträfling hat eine Chance zu einem neuen Leben, weil er daheim trotz allem angenommen wird. „Man wandelt nur das, was man annimmt", sagt C. G. Jung.

Wort in den Tag
In einem Bußgottesdienst habe ich in die Hand der Teilnehmer ein weißes Band gelegt. Geben Sie dem weißen Band einen Namen. „Du bist mir willkommen!" – Auch Gott hängt für jeden von uns ein weißes Band in den Apfelbaum. Er ist uns gnädig und barmherzig.

32. Tag · Donnerstag

Gott nimmt uns die Angst

Wort der Schrift
Jesus sagte: Komm! Da stieg Petrus aus dem Boot und ging über das Wasser auf Jesus zu (Mt 14,29).

Wort zum Tag
„Ich fühle es, auch wenn ich alle Verbrechen der Welt auf meinem Gewissen hätte, ich würde nichts von meinem Gottesvertrauen verlieren. Mit einem von Reue gebrochenen Herzen würde ich mich in die Arme meines Heilandes werfen. Er liebt den verlorenen Sohn, und ich habe die Worte gehört, die er zu Magdalena, zur Ehebrecherin und zur Samariterin gesprochen hat. Nein, niemand vermag mir Furcht einzujagen. Schimpft ein Vater mit seinem Kind, wenn es seine Schuld selbst bekennt? Bestraft er es dann? Ich weiß Bescheid über seine Liebe und Barmherzigkeit."[15]
„Theresia vom Kinde Jesus" war eine ängstliche, junge Frau, als sie in den Karmel eintrat. Im Kloster nahmen ihre Ängste fast skrupelhafte Formen an. Sie fand Befreiung, weil sie ganz fest an die Barmherzigkeit Gottes glaubte. Nachdem Theresia von den Skrupeln befreit wurde, schrieb sie die Erzählung vom weißen Hasen:
Ein König, der auf die Jagd gegangen war, verfolgte einen weißen Hasen. Seine Hunde hatten ihn schon fast eingeholt. In diesem Augenblick kehrte der kleine Hase, der sich bereits verloren glaubte, plötzlich um und sprang in die Arme des Jägers. Dieser war über so viel Vertrauen betroffen und wollte sich von dem weißen Hasen nicht mehr trennen. Niemandem erlaubte er, ihn anzupacken, und behielt sich die Sorge für seine Nahrung vor. Genauso wird sich Gott uns gegenüber verhalten, wenn wir, verfolgt von der Gerechtigkeit – versinnbildlicht durch die Hunde –, Zuflucht in den Armen unseres Richters suchen …
Wie sich der kleine Hase in seiner Todesnot in die Arme des Jägers flüchtet und gerettet wird, so rettet auch Jesus die Sünder,

die Zuflucht zu seinem heiligsten Herzen der Barmherzigkeit nehmen. Die Ängste sind nicht verschwunden aus unserer Welt. Wie aktuell die Botschaft von der Barmherzigkeit ist, zeigen die Worte und Bilder, die die polnische Ordensschwester Faustina veröffentlicht hat. Das Christusbild mit den Strahlen aus der Herzmitte ist weit verbreitet.

Wort in den Tag

Ein ängstlicher Mann sagte mir einmal: Du hast es gut, dass du vertrauen kannst!

Glaube und Vertrauen sind ein Geschenk, woraus man leben kann.

33. Tag · Freitag

Bereuen

Wort der Schrift

Du hast mich erzogen und ich ließ mich erziehen wie ein ungezähmter Jungstier. Führ mich zurück, umkehren will ich; denn du bist der Herr, mein Gott. Ja, nach meiner Umkehr fühle ich Reue; nachdem ich zur Einsicht gekommen bin, schlage ich an meine Brust. Ich bin beschämt und erröte (Jer 31,18f.).

Wort zum Tag

Umkehr und Reue gehören immer zusammen, behauptet schon der Prophet Jeremia. Wer seinen falschen Weg erkennt, wird Reue empfinden, beschämt sein und an seine Brust schlagen. So habe ich es als Messdiener in der Liturgie erfahren, wenn wir in der Messe das „Confiteor" sprachen: „Mea culpa, mea culpa, mea maxima culpa." Wir schlugen jedes Mal mit der Hand an die Brust. Der Finger, der auf andere zeigen konnte, zeigte dann auf mich selbst. In der Reue geben wir unsere Rachegefühle und Vergeltungsgedanken auf. Wir erkennen unseren eigenen Anteil der Schuld.

Was tun wir, wenn unser Herz uns anklagt?
Wenn wir zurückschauen und die Ergebnisse nur Karikaturen unserer ursprünglichen Absichten sind?
Wenn wir vor den Scherben der Vergangenheit stehen?
Wenn wir Angst bekommen vor der unbewältigten Last der Schuld und Sünde?

Im alltäglichen Leben haben wir genügend Strategien entwickelt, um die Last zu verdrängen. Alles ist eine Frage der Dekoration. Man nennt Schuld einfach Kavaliersdelikt. Schon sieht die Sache anders aus. Es gibt eine Menge Papierblumen, um die schwarzen Flecken der Schuld zu verzieren. Wir haben viele Strategien entwickelt. Man bagatellisiert z. B.: „Ist ja gar nicht so schlimm!" oder man versteckt sich hinter der Allgemeinheit: „Das tun alle anderen auch. Das gehört einfach heute dazu!“ Oder man setzt auf die Zeit: „Das ist ja schon längst vergessen. Über alles wächst einmal Gras!“ Man entschuldigt sich selbst und macht andere dafür verantwortlich: Er ist in einem schwierigen Milieu aufgewachsen. Seine Kameraden haben ihn verdorben. Die Mutter ist schuld. Das alte Lied der Schuldverschiebung wird seit Adam angestimmt: Die Eva ist schuld! Wir suchen Sündenböcke. Wir rufen: Haltet den Dieb! Und selbst haben wir gerade mit langen Fingern zugegriffen.

Das Unterbewusste ist ein tiefes Loch. Aber vergessene und verdrängte Schuld ist keine vergebene Schuld. Schon der Evangelist Johannes schrieb: „Wenn wir sagen, wir haben keine Sünden, betrügen wir uns selbst!“ (1 Joh 1,8; nach der Übersetzung von M. Luther).

Im Tiefsten spüren wir die Schatten auf unserem Lebensweg auch. Aber wir weichen aus. Wir lenken uns ab, wir meiden die Stille und weichen so der Selbstkonfrontation aus. Denn wenn wir innehalten und zurückschauen, dann stehen die „Dämonen“ auf, die ungeklärten Beziehungen, die unbewältigten Schattengeschichten der Vergangenheit. Wir weichen unserem Spiegelbild aus. Wir haben keine Zeit für solche Reflexionen. Wir bleiben in Bewegung, abends das Fernsehen und der Krimi, bis wir todmüde ins Bett sinken.

„In Zeitnot geraten wie in ein Netz ist der Mensch, atemlos hetzt er durch sein Leben … Es wird ganz eilig gezecht und ganz eilig geliebt, ganz tief sinkt die Seele dabei – man martert ganz eilig, vernichtet ganz eilig, ganz eilig sind später Reue und Buße vorbei“ (J. Jewtuschenko).

Mit der unbewältigten Vergangenheit umgehen, bedeutet deshalb zuerst: den Zeiten der Stille und Besinnung nicht ausweichen. Der tägliche Rückblick auf den Tag, die „révision de vie“ lässt uns bewusster leben.

Ich kenne Menschen, die hatten ihr Leben fest in der Hand. Da funktionierte alles. Sie gaben sich keine Blöße. Dann kam der Herzinfarkt. Unendlich viel Zeit, um nachzudenken. Das Grübeln begann. Plötzlich schien die Vergangenheit nicht mehr im rosigen Licht. Schatten fielen auf manche Entscheidungen. Das perfekte Lebenskonzept bekam Löcher und Risse. Was nun?

Wenn dein Herz dich anklagt? Du darfst nicht fliehen, dich nicht ablenken. Schau dich an und mute dich dir zu! Befreunde dich mit dir selbst. Ich bereue, dass ich versagt habe! Reue ist nicht ein weinerliches Gefühl, es ist nicht nur ein dahingesagtes „sorry".
Jeder trägt seine Vergangenheit in die Zukunft hinein. Jeder muss entscheiden, was er in sich weitertragen will. Die Vergangenheit hat immer Bedeutung für meine Zukunft. Aber die Vergangenheit bestimmt die Zukunft nicht automatisch. Der Mensch tritt dazwischen und sagt: Ich bereue! Das Gewesene wird mir zur heilsamen Krise.
„Ich bedauere, ich hätte mich anders verhalten müssen!" Das ist keine nutzlose Feststellung. Zwar kann man die Vergangenheit nicht ungeschehen machen. Der Verbrecher kann den Ermordeten nicht wieder zum Leben bringen. Aber in der Reue nimmt der Mensch Abstand. Ich kenne meine Schattengeschichten. Ich trage eine Sehnsucht in mir. Ich möchte mich ändern.
Petrus und Judas taten das Gleiche. Sie verrieten den Herrn. Judas machte sich davon und erhängte sich. Petrus ging hinaus und weinte bitterlich. Die Reue entgiftet den Menschen und öffnet ihn für eine neue Zukunft. Die Reue hält uns wandlungsfähig, wo immer wir in Gefahr stehen, zu verkalken und zu verknöchern.

Wort in den Tag

Könnte es sein, dass ich so rastlos tätig bin und die Ablenkung suche, weil ich einer gründlichen Gewissenserforschung aus dem Weg gehe?

34. Tag · Samstag

Segnen

Wort der Schrift

Sieh her, ich habe es übernommen zu segnen; so muss ich segnen, ich kann's nicht widerrufen (Num 23,20).

Wort zum Tag

Der Segen heilt heillose Zustände. Dietrich Bonhoeffer schrieb: „Menschen, die es schwer miteinander haben, die sollen einander segnen. Allmählich wandelt das Segnen den Segnenden."

Wer segnet, wagt die Probe und den Test mit der Bergpredigt. Segnen ist eine Alternative zu jeder Form des Hasses und der Verteufelung. Das Testfeld sind unsere Gedanken und Gefühle. Hier beginnen die Vergebung und die Versöhnung. Denn die Gedanken sind eine Macht. Wer segnet, vertreibt die negativen Gedanken, die vergiften, und beginnt positiv zu denken.

In einer Zeit, in der wir zur Kritik erzogen werden, wo Andersdenkende schnell verteufelt werden und Fanatismus vor Gewalt nicht zurückschreckt, ist der Segen geradezu lebensnotwendig geworden. Der Segen ist die Sprache des Friedens; er heilt Missgunst und Hass. Der Segen verwandelt Triebe, die zerstören, in Kräfte, die versöhnen. „Segnet und verflucht nicht" (Röm 12,14), schreibt der heilige Paulus.

Im Lateinischen heißt segnen: bene-dicere – Gutes sagen. Wer segnet, wünscht dem anderen Gutes, Gesundheit und Glück. Sein ganzes Wohlwollen wendet er ihm zu.

Ich bin überzeugt, dass segnende Gedanken heilen können. Benedicere – wer Gutes denkt, wer Segen wünscht, verwandelt allmählich die heillosen Zustände.

Die Gedanken sind eine Macht. Es gibt die Telepathie, die sogenannte Gedankenübertragung. Ich habe es oft erlebt, dass ein anderer im gleichen Augenblick das ausspricht, was ich denke. Nach dem Krieg haben viele Mütter berichtet, dass sie genau wussten: Jetzt ist mein Sohn an der Front gefallen. Später kam dann die Todesnachricht. Wäre das Bewusstsein um die Macht der Gedanken in uns lebendig, so würden wir mit ungu-

ten Gedanken, Neid und Misstrauen, Intrigen und Klatschereien sparsamer umgehen. Umso mehr würden wir die Kraft unserer segnenden Gedanken aktivieren. Ja, „segnet und verflucht nicht!"
Ohne Segen sind die Dinge nur Sachen – Material. Aber die Wirklichkeit ist mehr als die Dinge. Sie ist auch das, was zwischen den Dingen und den Menschen ist, was darin- und dahintersteckt: die Beziehung zu ihnen. Vielleicht wird die Wirklichkeit nicht zuerst durch das Vorhandensein der Dinge definiert, sondern durch die Beziehung des Menschen zu ihnen. Es gibt unzählige Autos, die mir nichts bedeuten, aber „mein" Auto darf keinen Kratzer haben. Milliarden Menschen gibt es, aber einige nenne ich meine Freunde. Die Freundschaft, die zwischen uns ist, hebt sie aus der Masse heraus. Die Beziehung zwischen uns macht den Freund so wichtig und wertvoll. Diese Beziehung muss man pflegen, sonst verkümmert die Freundschaft. Das Glück gewinnen wir durch Beziehungen, nicht durch Vorhandensein von Besitz und Reichtum.
Die Wirklichkeit ist also mehr als die Dinge. Die Beziehung, die zwischen den Dingen und den Menschen ist, kann alles zum Segen oder zum Fluch machen. Dazwischen kann Liebe oder auch Hass sein. Dazwischen kann Achtung oder Verachtung sein, kann Zuneigung oder Missgunst sein. In diesem Zwischenraum wirkt auch Gott. Hier ist der Platz, den Gott für seine Gegenwart wählt. „Denn in ihm leben wir, bewegen wir uns und sind wir" (Apg 17,28). Die Welt ist kein Gefängnis. Sie ist offen, und immerfort kommen Kräfte vom Himmel her zu uns.
Segnen ist ein Therapiegedanke für unsere Zeit. „Segnet die, die euch verfluchen!" (LK 6,28) – das geht nicht aus eigener Kraft. Wer segnet, vertraut auf Gottes Hilfe. Die Quelle des Segens bin nicht ich, sondern eine größere Macht. Nur wenn ich auf Gott vertraue, kann ich die positiven Kräfte im Segen aktivieren. Wer segnet, wird dem anderen ehrfürchtig begegnen. Das Segnen verwandelt unser Leben.

Wort in den Tag

Am Ende eines seelsorglichen Gespräches habe ich oft den Gesprächspartner gefragt, ob ich ihn segnen darf. Nie wurde die

Frage verneint. In einer Citykirche haben wir jeden Samstag zum persönlichen Segen eingeladen. Oft habe ich länger als eine Stunde Menschen den Segen Gottes zugesprochen.
„Sie haben ein Anliegen?“ „Ja, ich gehe am Montag in die Klinik. Ich werde an Krebs operiert. Segnen Sie mich bitte!“
Jeder kann segnen – in Gedanken, mit Worten, mit Zeichen. Haben Sie das schon einmal versucht?

Ein neues Herz

35. Tag · Montag

Das Beichtgespräch

Wort der Schrift
Durch ihn haben wir die Erlösung, die Vergebung der Sünden (Kol 1,14).

Wort zum Tag
Die Zukunft gehört dem Beichtgespräch. Das Gitter zwischen Priester und Beichtenden ist gefallen. Sie sitzen sich am Tisch gegenüber. Man wünscht sich den Gesprächspartner, dem man in die Augen schauen kann. Auch Priester und Ordensleute fahren heute manchmal 50 bis 100 Kilometer für ein gutes Beichtgespräch. Die Zisterziensermönche schrieben im 12. Jahrhundert über ihre Klosterpforten das Wort: „porta patet, cor magis" – „Die Tür ist offen. Das Herz umso mehr."
„Sprich, damit ich dich sehe!", sagte ein Blinder zu seinem Freund. Die Sprache ist unser Eigen, man kann sie nicht verstellen. Das Sprechen ist so charakteristisch wie unser Gesicht.
Für alle Gesprächsbegleiterinnen und Begleiter ist das Zuhören wichtiger als das Sprechen. Hören mit dem Herzen. Der junge König Salomo erbittet sich das Wichtigste, um ein Volk zu leiten: ein hörendes Herz (vgl. 1 Kön 3-9 und 11-12).
Wenn Seelsorge die Herausforderungen einer säkularen, pluralen und multikulturellen Gesellschaft ernst nehmen will, wird sie künftig viele „niederschwellige Orte" und offene Türen schaffen. Manchmal ist eine Hinführung zum Beichtgespräch die geistliche Begleitung im Internet. Viele Seelsorger laden per E-Mail zum brieflichen Austausch und „Gespräch" ein.
In der Cityseelsorge spricht man vom „Sakrament der offenen Tür". Wer die Gottesberührung nicht scheut, erfährt innere Heilung seiner Lebenswunden. Im Buch Exodus 15,26 heißt es: „Denn ich bin der Herr, dein Arzt." Und der Psalm 147,3 fügt hinzu: „Er heilt die gebrochenen Herzen und verbindet ihre schmerzenden Wunden." Durch unsere Wunden hindurch lernen wir unseren Weg anzunehmen. Ja, dann werden unsere Narben zu Augen.

Wer seine Not Jesus anvertraut, der muss sich nicht mehr verstecken. Jesus berührt den Menschen an seinem wunden Punkt. Er weist auf die tiefer liegenden Ursachen unserer Misere hin. Doch er kann mich nur heilen, wenn ich offenlege, wo es wehtut. Das ist mehr als bloße Lebenshilfe! Heilung im Namen Jesu und nach dem Beispiel Jesu geschieht immer mit der Bitte um den Heiligen Geist. Das Gebet lässt sichtbar werden: Hier ist kein Wunderdoktor am Werk, sondern Gott selbst mit seiner heilenden Kraft, mit seiner barmherzigen Liebe.
Die Zukunft gehört dem Beichtgespräch. Die Zeit, wo Schlangen vor den Beichtstühlen standen, wo man einen Katalog von Verfehlungen heruntersagte, wo man möglichst schnell wieder den Beichtstuhl verlassen wollte, ist vorbei. Die Zukunft der Beichte hat schon begonnen. Und die Erfahrung in den Beichtzentren der Städte ist, dass mehr Männer zum Beichtgespräch kommen als Frauen.
Die beglückende Erfahrung eines Beichtgespräches, wie Andrea Schwarz[16] sie erfahren hat, möchte ich einfach zitieren: „Wer sich versöhnen will, muss sich zuallererst der Realität stellen. Wenn mir das bewusst geworden ist, dann bringe ich es zum Ausdruck, in Sprache, denke es eben nicht nur für mich hin, sondern nenne es beim Namen. Und ich bitte um Entschuldigung, bitte darum, dass mir die Schuld weggenommen wird. Das wiederum braucht einen, der mir das zusagt, der mich nicht alleine sitzen lässt mit meiner Schuld und meiner Bitte um Vergebung. Und dann kann ich neu ins Leben hinausgehen, kann ich neu anfangen.
So geht Versöhnung zwischen uns Menschen – und nicht anders geht die Beichte, das ‚Sakrament der Versöhnung'. Ich werde mir der Wirklichkeit bewusst, ich stelle mich der Realität. Ich nehme Abschied von meinen falschen Bildern, stelle mich mir selbst. Das ist eigentlich das, was die ‚Gewissenserforschung' will.
Ich bringe es in Sprache – ich äußere das, was in mir drin ist. Und ich sage es einem konkreten Menschen. Ich bitte um Vergebung, um Entschuldigung. Und ich brauche ein ‚Du', das mir diese ‚Entschuldigung' zusagt. Um dann neu und befreit in das Leben hinauszugehen – mit den besten Vorsätzen …

Nichts anderes ist die Beichte oder das Beichtgespräch mit einem Priester. Das Entscheidende daran ist: Er sagt mir die Vergebung nicht in seinem persönlichen und privaten Namen zu, sondern im Namen Gottes."

Wort in den Tag

Sakrament des Neuanfangs
das dunkel
meines lebens
vor gott
bringen

meine unsicherheit
die ungewissheit
ihm
geben

mit tränen
in den augen
sagen
dass ich angst habe

sagen
dass ich nicht mehr
weiter
weiß

und
um
seine hilfe
bitten

es ist gut
es dir sagen
zu können
und du hörst es

und du hörst es
als freund
als priester
der die stola trägt

und die stola
trägt dich und mich
ich kann mich dir zumuten
weil du getragen bist

von einer kraft
die wirken will
und die wirkt
durch dich hindurch

und ich bin
seltsam getröstet
fühle mich heimgekommen
geliebt und in den arm genommen

nein
erklären kann ich es nicht
und ich will es
auch nicht

aber
es
ist
so

Andrea Schwarz

36. Tag · Dienstag

Das Bußsakrament

Wort der Schrift

Als Jesus ihren Glauben sah, sagte er zu dem Gelähmten: Mein Sohn, deine Sünden sind dir vergeben! Einige Schriftgelehrte aber, die dort saßen, dachten im Stillen: Wie kann dieser Mensch so reden? Er lästert Gott. Wer kann Sünden vergeben außer dem einen Gott? Jesus erkannte sofort, was sie dachten, und sagte zu ihnen: Was für Gedanken habt ihr im Herzen? Ist es leichter, zu dem Gelähmten zu sagen: Deine Sünden sind dir vergeben! oder zu sagen: Steh auf, nimm deine Tragbahre und geh umher? Ihr sollt aber erkennen, dass der Menschensohn die Vollmacht hat, hier auf der Erde Sünden zu vergeben. Und er sagte zu dem Gelähmten: Ich sage dir: Steh auf, nimm deine Tragbahre und geh nach Hause! Der Mann stand sofort auf, nahm seine Tragbahre und ging vor aller Augen weg. Da gerieten alle außer sich; sie priesen Gott und sagten: So etwas haben wir noch nie gesehen (Mk 2,5-12).

Wort zum Tag

„Deine Sünden sind dir vergeben." Mit Vollmacht und Überzeugung sprach Jesus dieses Wort aus. Für diesen Anspruch ist er später gekreuzigt worden. Denn „wer kann Sünden vergeben außer dem einen Gott?" Diese Vollmacht überträgt Jesus zu Ostern und später am Pfingstfest ausdrücklich seinen Aposteln. Welch ein Geschenk an uns sündige Menschen, dass es einen Ort und Beauftragte gibt, die in Gottes Namen sprechen dürfen: Ich spreche dich los von deinen Sünden. Was haben Menschen alles getan, um einen „gnädigen Gott" zu finden. Wie viele Schlachtopfer hat man gebraucht, um Gott zu versöhnen. Jesus aber belehrt seine Jünger: „Darum lernt, was es heißt: Barmherzigkeit will ich, nicht Opfer. Denn ich bin gekommen, um die Sünder zu rufen, nicht die Gerechten" (Mt 9,13).
Es ist der Wille Jesu, dass die Worte der Vergebung in der Welt nicht verstummen. Deshalb gibt er seinen Aposteln den Auftrag: „Wem ihr die Sünden vergebt, dem sind sie vergeben!" (Joh 20,23). Seit 2000 Jahren bemüht sich die Gemeinschaft der Kirche, diese

Vergebung Gottes auf verschiedene Weise sichtbar und hörbar an die Menschen weiterzugeben: durch das Verkünden des Evangeliums, durch die Feier der Taufe und der heiligen Messe, durch Bußgottesdienste, besonders deutlich im Bußsakrament, der persönlichen Beichte. Der Bußgottesdienst macht deutlich, dass die Umkehr und die Hinwendung zu Gott nicht nur für den Einzelnen, sondern auch für die Gemeinschaft notwendig sind. Nicht selten entdecken wir dabei Lebensbereiche, die wir vielleicht noch nie mit Gott und seiner Ordnung in Beziehung gebracht haben. Und Menschen zeigen dadurch auf vielfältige Weise, dass sie erneut den Weg der Verwandlung gehen wollen: durch tätige Reue, Werke der Nächstenliebe und Versöhnungsbereitschaft. Im sakramentalen Handeln der Kirche, ganz konkret beim Sprechen der Absolutionsformel durch den Priester, wird der Einzelne mit Gott versöhnt, aber auch mit seinen Mitmenschen, mit der Kirche und der ganzen Schöpfung.
Es ist eine Erfahrung, dass wir das Wichtigste in unserem Leben uns nicht selbst sagen können, das bekommen wir gesagt. Eine ganz besondere Form der Sündenvergebung ist das Sakrament der Buße. Bei uns wird es meist verkürzt „Beichte" genannt, weil man dabei seine Schuld nicht nur innerlich bereut, sondern auch mutig beim Namen nennt („beichtet"). Der Priester, der in der Nachfolge der Apostel steht, darf dann im Sinne Jesu die Lossprechung (Absolution) erteilen. Wer dieses Sakrament aufrichtig empfängt, erhält eine große Kraft, sein Leben zu ändern und ganz neu zu beginnen. Soziologen haben festgestellt, dass in Bezirken mit Beichtpraxis signifikant weniger Therapeuten und Psychologen niedergelassen sind.

Wort in den Tag

Wer ehrlich ist, weiß auch, dass sich vieles nicht einfach mit ein bisschen gutem Willen zurechtbiegen lässt. Er weiß, dass es Schuld gibt, die man nicht wiedergutmachen kann. Manche entdecken die Beichte wieder. Und diese Erfahrung haben schon viele ausgesprochen: Beichte ist befreiend. Sie ist wie ein Aufatmen der Seele.

37. Tag · Mittwoch

Vergib uns unsere Schuld

Wort der Schrift
So sollt ihr beten: Unser Vater im Himmel, dein Name werde geheiligt, dein Reich komme, dein Wille geschehe wie im Himmel, so auf der Erde. Gib uns heute das Brot, das wir brauchen. Und erlass uns unsere Schulden, wie auch wir sie unseren Schuldnern erlassen haben. Und führe uns nicht in Versuchung, sondern rette uns vor dem Bösen (Mt 6,9-13).

Wort zum Tag
Es gibt wohl kaum einen Text in der Weltgeschichte, der so häufig gesprochen, gesungen, geflüstert wurde wie das Vaterunser. Es hat seine Kraft nicht verloren. In den sieben Bitten des Vaterunser sammelt sich die Weite unseres Lebens, wie das Licht der Sonne sich in sieben Farben des Regenbogens spiegelt. Die drei ersten Bitten lehren uns, das große Ziel im Auge zu behalten: die Heiligung des Gottesnamens, das Kommen seines Reiches, die Erfüllung seines Willens. In den drei letzten Bitten geht es um die Grundfragen menschlichen Lebens: um Schuld, um die Versuchung und um unsere Erlösung. In der Mitte aber steht die Bitte um das tägliche Brot.
Eine besondere Herausforderung ist die Bitte: „und vergib uns unsere Schuld, wie auch wir vergeben unseren Schuldigern". Das bedeutet doch, dass wir Gott anbieten, er möge uns unsere Schuld vergeben in dem Maß, in dem wir bereit sind, denen zu verzeihen, die an uns schuldig geworden sind. Diese Fürbitte ist kein schöngeistiger Spruch, sondern ein Wort, das Konsequenzen verlangt. Ich bin überzeugt, dass dieses Wort nicht folgenlos in der Kirchengeschichte geblieben ist. Wer das Vaterunser betet, wird jedes Mal ermahnt, auch bereit zu sein, dem anderen zu vergeben. Der Blick nach oben wird gewendet zum Blick zur Seite. Auch bei einem anderen Wort Jesu ist das so: „Seid barmherzig, wie es auch euer Vater ist!" (Lk 6,36).
Bei Matthäus folgt nach dem Text des Vaterunser noch eine Erklärung speziell dieser Vaterunser-Bitte: „Denn wenn ihr den

Menschen ihre Verfehlungen vergebt, dann wird euer himmlischer Vater auch euch vergeben. Wenn ihr aber den Menschen nicht vergebt, dann wird euch euer Vater eure Verfehlungen auch nicht vergeben" (Mt 6,14f.).
Ich bin überzeugt: Diese Bitte hat in der Glaubensgeschichte Freunde wieder vereinigt, Familien ausgesöhnt, Streit und vielleicht auch Kriege beendet. Zumindest hat es den Betern bewusst oder unbewusst ein schlechtes Gewissen bereitet. Es ist ein wirkmächtiges Wort, das unser Leben verändern kann und auch will.
Eine Bekannte erinnert sich dazu an folgende Begebenheit: „Als meine Mutter mit 85 Jahren nicht mehr allein verreisen konnte, habe ich mehrmals eine Woche meiner Herbstferien mit ihr allein verbracht, während mein Mann mit den Kindern wandern ging. Was ich zunächst fast als großzügiges ‚Opfer' für die verwitwete Mutter empfand, entpuppte sich schnell als ein ganz großer Gewinn für mich. Losgelöst von Zuhause, vertraute sie mir manche Familiengeheimnisse an, die sie uns fünf Kindern nie erzählt hatte. Gefragt nach dem Geheimnis ihrer glücklichen Ehe, erzählte sie unter anderem:
‚Als junge Frau habe ich mich während der Sonntagsmesse, gegen den örtlichen Brauch, zu meinem Mann in die Kirchenbank gesetzt. Während des Vaterunser haben wir uns immer, lange bevor es beim Friedensgruß üblich wurde, an die Hand genommen und uns angeschaut. Dabei haben wir uns gegenseitig unsere kleinen und größeren Fehler aus der vergangenen Woche verziehen und nach längeren Durststrecken uns wiedergefunden und versöhnt. Das haben wir beide gebraucht. So hatten wir jeden Sonntag einen neuen Anfang und Zuversicht für die kommende Woche. Und dann ließ Papa mir immer den Vortritt, wenn wir zum Kommunionempfang aus der Bank nach vorn gingen', ergänzte sie lächelnd, noch sichtbar stolz auf ihren schon lange verstorbenen Mann."

Wort in den Tag

Jeden Tag bete ich wenigstens drei Mal das Vaterunser, beim Chorgebet und in der heiligen Messe. Es gibt andere Situationen am Tag, wo ich mit Menschen zusammen das Gebet des

Herrn spreche, im Krankenhaus oder am Ende eines seelsorglichen Gespräches. Ich will darauf achten, dass mein Beten nicht nur Routine wird, sondern die sieben Bitten des Vaterunser für mich Worte bleiben, die Leben verändern können.

38. Tag · Gründonnerstag

Feier der Versöhnung: die Eucharistie

Wort der Schrift
Das ist mein Blut, das Blut des Bundes, das für viele vergossen wird zur Vergebung der Sünden (Mt 26,28).

Wort zum Tag
Der Ort, wo wir Versöhnung mit Gott und untereinander erfahren, ist die Feier der Eucharistie. Sie beginnt mit dem Bußakt und dem wiederholten Ruf: „Herr, erbarme dich." Wenn man einen hohen Gast erwartet, dann ist Hausputz angesagt. Man reinigt und schmückt sein Haus. Der Bußakt ist aber nicht nur äußere Fassadenreinigung, sondern Bereitung der Herzen.
Manchmal folgt das Confiteor und das öffentliche Eingeständnis: „Ich bekenne ... allen Brüdern und Schwestern, dass ich Gutes unterlassen und Böses getan habe." Die soziale Seite der Sünde wird ganz ernst genommen. Jeder wendet sich an jeden und bittet, er möge für ihn vor Gott eintreten: „Darum bitte ich euch, Brüder und Schwestern, für mich zu beten bei Gott, unserem Herrn." Im Hören des Wortes Gottes wird uns die heilende Kraft des Evangeliums zugesprochen. Wir stehen auf und der Priester spricht: „Herr, durch dein Evangelium nimm hinweg unsere Sünden." Lateinisch wurde früher gesagt: „per evangelia dicta deleantur delicta" – Durch das Sprechen (dicta) des Evangeliums sind unsere Vergehen (delicta) vergeben.
Im Hochgebet erfahren wir in den Gaben von Brot und Wein die versöhnende Liebe Gottes in der Hingabe seines Sohnes Jesus Christus. „Um unseres Heiles willen ist er vom Himmel herabgestiegen", heißt es im Glaubensbekenntnis. Franziskus rief vor diesem Geheimnis aus: „Seht die Demut Gottes!" „Für uns hingegeben" ist das Schlüsselwort des heiligen Geschehens: „... mein Blut für euch und für alle vergossen zur Vergebung der Sünden".

Wenn ich also auf dem Altar das heilige Brot breche, dann begreife ich, dass mein Leben unter diesem Zeichen des gebrochenen Brotes zu verstehen ist. Viel wird geheilt und verwandelt, wenn auch wir unser Brot und unser Leben mit anderen teilen. Beim Brotbrechen denke ich oft an das Wort: „Wir feiern, was uns fehlt." Wir feiern die Liebe, obwohl so viel Lieblosigkeit unseren Alltag bestimmt. Wir feiern den Frieden, obwohl an jedem Tag Zwist und Konflikt die Herzen bestimmt. Wir feiern Versöhnung, obwohl manchmal der Streit mitten durch unsere Reihen geht. Wir feiern, was uns fehlt. Aber indem wir es feiern, begreifen wir, es muss nicht so bleiben, wie es vorgibt zu sein. Es gibt eine Alternative, eine neue Wirklichkeit. Versöhnung und Frieden sind auch heute möglich im Zeichen des geteilten Brotes.

Für mich ist die Feier der Eucharistie eine Quelle, die mich leben lässt. Eucharistie ist ein eschatologisches Zeichen, das meine Sehnsucht nach einer heilen, besseren Welt nährt.

Eucharistie ist ein Vorgriff und ein Entwurf des Mahles im Reiche Gottes, wo alle an einem Tisch sitzen. Die Anonymität in unserer Gesellschaft wird durch ein Zeichen verändert. Die Christusgemeinschaft vollzieht sich als Christengemeinschaft. Communio (bei Paulus: „koinonia") ist ein Grundbegriff christlichen Selbstverständnisses.

Mich berührt der Gedanke von Teilhard de Chardin immer wieder neu: „Die sakramentale Hostie wird umhüllt mit einer anderen, unendlich viel größeren Hostie, die nichts weniger ist denn das Universum selbst. Die ganze Welt ist unser Altar bis in die Abgründe der Erdgeschichte vom Alpha bis zum Omega der Schöpfung, die sich ständig wandelt." Und wir feiern die Wandlung in der Eucharistie – Mysterium fidei. Wir selber werden in diese Verwandlung hineingezogen. Wie in einem Brennspiegel sammeln sich die Kräfte der Verwandlung in der Eucharistie. Himmel und Erde berühren sich. Schöpfer und Geschöpf begegnen sich im Liebesmahl, der innigsten Vereinigung und höchsten Vollendung. Der eucharistische Christus durchdringt den Kosmos, heiligt die Materie. Und so verklärt die Eucharistie unsere Welt nach und nach: Die Messe ist „ein Ereignis des Weltalls, die Krönung ihrer Schönheiten, ihrer Anstrengung, ihres Leidens und ihrer geheimen Sehnsucht."[17]

Im Vaterunser wird noch einmal die Bitte um Vergebung ausgesprochen und die Bereitschaft, selbst zu vergeben, bekundet: „Vergib uns unsere Schuld, wie auch wir vergeben unsern Schuldigern.“ Dann werden diese Worte durch ein sichtbares Zeichen der Zuwendung und Versöhnung, den Friedensgruß, unterstrichen. Und dann bekräftigen wir unser Vertrauen auf die vergebende Güte des Herrn mit dem Ruf: „Lamm Gottes, du nimmst hinweg die Sünden der Welt.“ Vor der Kommunion verbindet uns alle der Ruf: „Herr, ich bin nicht würdig, dass du eingehst unter mein Dach, aber sprich nur ein Wort, so wird meine Seele gesund.“

Damit die Gemeinde nicht nur zuschaut, wird sie hineingezogen durch den Ritus des „Friedensgrußes“. Alle wenden sich den Nachbarn in der Bank zu und reichen sich die Hand. Manche Gemeinden haben sich am Anfang mit diesem Zeichen schwergetan. Heute beginnt fast immer durch alle Bänke ein freundliches Grüßen. Die Fremden fühlen sich angenommen. Und manche spüren den Anspruch dieses Zeichens. Zwei Männer, die seit Jahren in Feindschaft lebten, standen bei der Osternachtfeier nebeneinander. Keiner bewegte sich beim Friedensgruß. Dann drehte sich der eine mit einem Ruck dem Nachbarn zu, hielt ihm die Hand hin und sagte lächelnd: „Wir sind doch sture Holzköpfe.“

Wort in den Tag

Am Gründonnerstag beim Abendmahl hat Jesus die Eucharistie eingesetzt. In allen Kirchen feiert man heute Abend die heilige Messe. Auch die Fußwaschung als Zeichen der Liebe wird oft sichtbar in der Liturgie nachvollzogen. Vielleicht lassen sich viele zur Feier der Versöhnung einladen.

39. Tag · Karfreitag

Zeichen der Erlösung: das Kreuz

Wort der Schrift
Alle haben gesündigt und die Herrlichkeit Gottes verloren. Ohne es verdient zu haben, werden sie gerecht, dank seiner Gnade, durch die Erlösung in Christus Jesus. Ihn hat Gott dazu bestimmt, Sühne zu leisten mit seinem Blut, Sühne, wirksam durch Glauben. So erweist Gott seine Gerechtigkeit durch die Vergebung der Sünden … (Röm 3,23-25).

Wort zum Tag
Wenn es gefährlich wird, springen sie ein, die sogenannten Stuntmen. In der Film- und Fernsehwelt gibt es sie, die Doubles, die dann für die Schauspieler Kopf und Kragen riskieren, wenn die Geschichte halsbrecherisch wird. Man kennt sie kaum, man nennt sie selten, diese „Stellvertreter". Doch sie sind unentbehrlich für gewagte Inszenierungen.
Der Theologe Johann Baptist Metz meint: „In meinen Augen ist das Christentum die gewagteste Inszenierung der Weltgeschichte. Gott selbst ist in sie verwickelt."
In der Karwoche wird mir jedes Mal wieder deutlich: Jesus stirbt für Gerechtigkeit, Frieden und Versöhnung. Ist Jesus der Stuntman Gottes? Er vertritt die Sache Gottes. Das kostet ihn das Leben. Er tritt auch für die Menschen ein. Um die Menschen von der Sünde zu befreien, zu erlösen – sagen die Christen –, ist er am Kreuz gestorben.
Jesus ist Anwalt der Menschen. „Für uns und um unseres Heiles willen" ist er am Kreuz gestorben. Am Abend vor seinem Tod beim Passahmahl nahm er Brot, brach es und sprach: „Dies ist mein Leib, für euch hingegeben." Dieses „Pro vobis", das „Für euch hingegeben", ist ein anspruchsvolles Wort. Wenn ich am Karfreitag die Passion höre und im Karfreitagsgottesdienst vortrete, um das Kreuz zu verehren, dann höre ich dieses: „Für dich!"
Kann man solch ein Lebensopfer überhaupt annehmen? Je länger ich darüber nachdenke, umso mehr wünsche ich mir dies,

dass einer für mich da ist, dass einer für mich eintritt und im Notfall alles riskiert.
Ist das nicht die Sehnsucht unserer Tage: Einer für den anderen? – wo so viele gezwungen sind, allein über die Runden zu kommen. Brauche ich nicht wenigstens einen Freund, einen Verbündeten? Wie sollte ich leben, wenn keiner mehr einen Finger für mich krümmt?
Einer für den anderen? – Doch, das gibt es ja! Ohne zu rechnen, tritt der eine für den anderen im Notfall ein. Wie sollte eine Gesellschaft überleben, wenn es das nicht täglich gäbe: Einer für den anderen – umsonst und freiwillig und ohne die Frage: Was bekomme ich dafür? Was habe ich davon?
Einer für den anderen – Das gibt es täglich. Wenn einer Überstunden macht, um den kranken Kollegen zu entlasten, wenn einer schweigt und den Fehler eines anderen auf sich nimmt. Einer für den anderen – das kann ich nicht fordern, das bekomme ich geschenkt.
Weil es diese Zeichen der Liebe gibt, können wir leben. Sogar unsere Schwachstellen werden uns zum Segen. Gertrud von Le Fort sagt: „Die Grenze des Menschen ist stets das Einbruchstor Gottes."
Durch Tod und Auferstehung Jesu, durch sein Kreuzesopfer, sind wir und alle, die vor uns waren und nach uns kommen, erlöst. Heilsgeschichte ist eine Beziehungsgeschichte. Alle Menschen will der Gekreuzigte in diese Liebesbeziehung hineinziehen.
Der Apostel Paulus stellt diesen heilsgeschichtlichen Zusammenhang im Brief an die Korinther heraus: „Denn vor allem habe ich euch überliefert, was auch ich empfangen habe: Christus ist für unsere Sünden gestorben, gemäß der Schrift, und ist begraben worden. Er ist am dritten Tag auferweckt worden, gemäß der Schrift" (1 Kor 15,3-4). Sonst wäre unser Glaube sinnlos (Vers 13-14).
Am Karfreitag wird uns die heilsgeschichtliche Bedeutung des Kreuzes vor Augen gestellt. Im Jahre 230 nach Christus sagte Bischof Hippolyt von Rom in einer Osterpredigt: „Dieser himmelweite Baum ist von der Erde empor zum Himmel gewachsen. Er ist der feste Stützpunkt des Alls, der Ruhepunkt aller

Dinge, die Grundlage des Weltenrundes, der kosmische Schwerpunkt. Er fasst in sich zur Einheit zusammen die ganze menschliche Natur. Er rührt an die höchsten Spitzen des Himmels und festigt mit seinen Füßen die Erde, und alles dazwischen umfasst er mit seinen unermesslichen Armen."[18]
Der Himmel wird geerdet und die Erde emporgehoben. Durch den Kreuzesbaum verbindet sich der Himmel mit der Erde. Das Heil der Welt ist auf das Kreuz gegründet.

Wort in den Tag
Am Karfreitag stimmt die Kirche im Stundengebet diesen wunderbaren Hymnus an:

Heilig Kreuz, du Baum der Treue,
edler Baum, dem keiner gleich,
keiner so an Laub und Blüte,
keiner so an Früchten reich:
heiliges Holz, so heilige Nägel,
welche heilige Last an euch.

Beuge, hoher Baum, die Zweige,
werde weich an Stamm und Ast,
denn dein hartes Holz muss tragen
eine königliche Last,
gib den Gliedern deines Schöpfers
an dem Stamme linde Rast.

Du allein warst wert, zu tragen
aller Sünden Lösegeld,
du, die Planke, die uns rettet
aus dem Schiffbruch dieser Welt.
Du, gesalbt vom Blut des Lammes,
Pfosten, der den Tod abhält.

40. Tag · Karsamstag

Ort der Versöhnung: das Paradies

Wort der Schrift

Einer der Verbrecher, die neben ihm hingen, verhöhnte ihn: Bist du denn nicht der Messias? Dann hilf dir selbst und auch uns! Der andere aber wies ihn zurecht und sagte: Nicht einmal du fürchtest Gott? Dich hat doch das gleiche Urteil getroffen. Uns geschieht recht, wir erhalten den Lohn für unsere Taten; dieser aber hat nichts Unrechtes getan. Dann sagte er: Jesus, denk an mich, wenn du in dein Reich kommst. Jesus antwortete ihm: Amen, ich sage dir: Heute noch wirst du mit mir im Paradies sein (Lk 23,39-43).

Wort zum Tag

„Unruhig ist unser Herz, bis es ruht in Gott" (Augustinus). Wie weit wir auch gehen durch Regen oder Sonnenschein, mit Tränen oder mit Lachen auf unseren Gesichtern, durch Höhen und Tiefen. Am Ende sind wir Aug in Aug bei Gott. Das ist Heimkehr – ein für alle Mal. Dann begegnest du dem Blick der Barmherzigkeit. „Noch heute wirst du mit mir im Paradiese sein." Alle Worte dieser Welt verklingen, wenn dies Wort der Schlussakkord unseres Lebens ist: Heute wirst du mit mir im Paradiese sein!
Wie weit ich auch gehen muss, mit all den Umwegen und Sackgassen, die mir nicht erspart blieben, am Ende erfahre ich, dass er mich anschaut mit Augen der Barmherzigkeit. „In der Verzeihung des Unverzeihlichen ist der Mensch der göttlichen Liebe am nächsten", schrieb Gertrud von Le Fort. Und wenn ich mir selbst vieles nicht verzeihen kann, er schließt mich dennoch in seine väterlichen Arme. Er heilt die Wunden unseres Lebens, wie Blaise Pascal schrieb: „Es ist nicht auszudenken, was Gott aus den Bruchstücken unseres Lebens machen kann, wenn wir sie ihm ganz überlassen."
„Ihn mit ganzem Herzen und mit ganzer Seele und mit all unseren Kräften zu lieben", diese Fähigkeit hat er uns geschenkt. Als er

uns ins Dasein rief, hat die Liebe Gottes uns entzündet. Dieses Feuer brennt in uns. Die Sehnsucht nach der Vollendung der Liebe ist die Triebfeder unseres Suchens. Die Liebe zieht uns an wie ein Magnet. Wenn wir im Tod erkennen, wie oft wir die Antwort der Liebe verweigert haben, wird das unser Gericht sein.
Im Tod läuft unser ganzes Leben wie im Zeitraffer vor uns ab. Dies beschreibt auch Elisabeth Kübler-Ross in ihrem Buch „Interviews mit Sterbenden". Die Gottesbegegnung im Tod konfrontiert den Menschen unerbittlich mit seiner eigenen Unvollkommenheit. Sie hält dem Menschen gewissermaßen einen Spiegel vor Augen – das Bild, das er selber hätte sein können, wenn er im Sinne Gottes gelebt hätte. Diese Konfrontation schmerzt. Dieser Erkenntnisprozess fordert vom Menschen „Trauerarbeit". Zugleich wird er beschämt durch die grenzenlose Vergebungsbereitschaft Gottes, der ihn trotz seiner Sünden annimmt.
Im Tod begegnen wir Christus (Ladislaus Boros). Vor seinem allwissenden Blick werde ich erkennen, wer ich bin. Alle Masken fallen ab. Aber es ist nicht nur der prüfende Blick, sondern ich schaue in die Augen der Barmherzigkeit. Wenn Christus uns dann mit dem Blick der Liebe anschaut, dann werden wir zum ersten Mal uns selber und unser Leben zu betrachten vermögen mit den Augen reiner Liebe. Es wird ein liebender, erlösender Blick sein. Er wird mich verwandeln und „auftauen" und all meine Blockierungen und Verkrampfungen lösen. Wenn ich lange in der Kälte stehe und mit fast erfrorenen Fingern in die Wärme einer Wohnung trete, tun die Finger zuerst weh. Dieser Schmerz, bis die Wärme mich ganz durchströmt, ist wie das Fegefeuer.
Als ich einen Mann besucht habe, dessen Frau gestorben war, nahm er das Bild seiner verstorbenen Frau in die Hand und sagte: „Meine Frau habe ich nicht verdient!" Er hatte ihr das Leben zur Hölle gemacht, war untreu gewesen, hatte ihr als Alkoholiker Gewalt angetan. Die Frau hatte immer zu ihm gehalten. Im Tod erkennt er: Ich habe ihre Liebe und Treue nicht verdient!
Wenn uns ein guter Mensch sein Vertrauen schenkt, erkennt man manchmal mit Erschrecken, wie wenig man das Vertrauen verdient hat. Erfahrungen dieser Art machen uns deutlich, warum uns die endgültige Begegnung mit Gott zum Gericht wird. Wenn Gott uns anschaut, erkennen wir, wer wir sind. Gott

braucht uns nicht auf die Anklagebank zu setzen; er braucht uns unsere Schuld nicht vorzurechnen. Gott ist Liebe und bleibt Liebe. Er verurteilt und bestraft uns nicht. Wir selber erkennen unsere verweigerte Liebe. Diese Erkenntnis ist unser Gericht. Aber gerade im Gericht erfahren wir, dass Christus unser Fürsprecher ist. Am Ende ist nur die Liebe.
Herr, dann sag auch zu mir: „Heute noch wirst du mit mir im Paradies sein" (Lk 23,43).

Wort in den Tag
Franz von Assisi kann im Sonnengesang den Tod seinen Bruder nennen. Die drei letzten Strophen dieses Hymnus heißen:

Gelobt seist du, mein Herr, durch jene,
die verzeihen um deiner Liebe willen
und Krankheit ertragen und Drangsal.
Selig jene, die solches ertragen in Frieden,
denn von dir, Höchster, werden sie gekrönt werden.

Gelobt seist du, mein Herr,
durch unseren Bruder, den leiblichen Tod;
ihm kann kein Mensch lebend entrinnen.
Wehe jenen, die in schwerer Sünde sterben.
Selig jene, die sich in deinem heiligsten Willen finden,
denn der zweite Tod wird ihnen kein Leid antun.

Lobt und preist meinen Herrn
und sagt ihm Dank und dient ihm mit großer Demut.

Es ist nicht auszudenken,
was Gott aus den Bruchstücken unseres Lebens machen kann,
wenn wir sie ihm ganz überlassen.

Blaise Pascal

Ostern

Ostersonntag

Symbol der Versöhnung: die Osterkerze

Aus dem Exsultet, dem Lichthymnus der Osternacht
O unfassbare Liebe des Vaters: Um den Knecht zu erlösen, gabst du den Sohn dahin!
O wahrhaft Heil bringende Sünde des Adam, du wurdest uns zum Segen, da Christi Tod dich vernichtet hat. O glückliche Schuld, welch großen Erlöser hast du gefunden!
O wahrhaft selige Nacht, dir allein war es vergönnt, die Stunde zu kennen, in der Christus erstand von den Toten.
Dies ist die Nacht, von der geschrieben steht: „Die Nacht wird hell wie der Tag, wie strahlendes Licht wird die Nacht mich umgeben." Der Glanz dieser heiligen Nacht nimmt den Frevel hinweg, reinigt von Schuld, gibt den Sündern die Unschuld, den Trauernden Freude. Weit vertreibt sie den Hass, sie einigt die Herzen und beugt die Gewalten.
In dieser gesegneten Nacht, heiliger Vater, nimm an das Abendopfer unseres Lobes, nimm diese Kerze entgegen als unsere festliche Gabe! Aus dem köstlichen Wachs der Bienen bereitet, wird sie dir dargebracht von deiner heiligen Kirche durch die Hand ihrer Diener.

Wort zum Tag
Die heiligste aller Kerzen ist die Osterkerze. In der schwärzesten Nacht kommt Gott in die Welt. Er schaut nicht kurz bei Tageslicht herein, er sucht uns in der dunkelsten Nacht auf. Wäre er einer von uns, wenn er in Christus diesen Tiefpunkt gescheut hätte? „Das Licht leuchtet in der Finsternis" (Joh 1,5). Unsere Nacht wird kürzer. Unsere Finsternis wird hell: Jesus Christus ist das Licht, das die Finsternis unserer Herzen erleuchten will.
„Der Glanz dieser heiligen Nacht", heißt es im Exsultet, „nimmt den Frevel hinweg, reinigt von Schuld, gibt den Sündern die Unschuld." So dürfen wir sogar sagen: „Die Sünde Adams

wurde uns zum Segen!“ – „O glückliche Schuld, die uns den Erlöser gebracht hat!“ – „O wahrhaft selige Nacht, die Himmel und Erde versöhnt, die Gott und Menschen verbindet!“

Die Osterkerze ist das Zeichen der Versöhnung. Auf diesem Hintergrund schrieb Werner Bergengruen seine Erzählung „Die Ostergnade“[19]:

Von einem christlichen Kaiser des frühen Mittelalters wird berichtet, dass er nach der Ostermesse eine Zeit der Amnestie für alle Schwerverbrecher einrichtete. Solange die Osterkerze brannte und die Mörder und Diebe ihre Schuld bekannten, wurde ihnen die Strafe erlassen. Durch eine Seitentür traten die Totschläger und Giftmischer, die Eidbrüchigen und Falschmünzer, die Ehebrecher und Kindsmörder vor die Osterkerze in der Kathedrale. Sie legten die rechte Hand an die Osterkerze und bekannten vor dem Kaiser ihre Schuld. Ein Gerichtsschreiber notierte ihre Namen und gab ihnen den Gnadenbrief.

Als Letzte trat eine Frau an die Kerze. Ihr Ehemann erwartete sie bereits unter den Schaulustigen. In der Hand hielt er eine Schriftrolle, auf der er alle Schandtaten seiner Frau aufgezeichnet hatte. Die Menschen starrten auf die Frau im Büßergewand, die ihre Hände um die Kerze legte. Stockend sprach sie in die atemlose Stille: „Ich beschuldige mich des Ehebruchs mit jenen Männern, die mir gefallen haben.“ Plötzlich schrie sie laut auf: „Keiner aber kann mir die Schuld vergeben, dass ich mein Kind umgebracht habe. Diese Gnade steht mir nicht zu!“ Und sie blies die Flamme der Osterkerze aus. Sie schlug ihre Hände vors Gesicht.

Schließlich öffnete sie die Augen. Die Kerze brannte. Ihr Mann stand neben ihr. Er hatte sie mit seiner Schriftrolle wieder entzündet.

Mit strenger Stimme fragte der Kaiser: „Wer bist du? Und wie wagst du es, die Osterkerze von Neuem zu entzünden?“ Der Mann antwortete: „Ich bin der Gatte dieser Frau. Mit der Anklageschrift gegen sie entfachte ich das Licht der Osterkerze noch einmal.“ Da verneigte sich der Kaiser und verzieh ihm: „Du hast richtig gehandelt – nach dem Beispiel Jesu Christi!“

Quellennachweis

[1] Vgl. Verena Kast, Abschied von der Opferrolle. Das eigene Leben leben, Freiburg 2009.
[2] Vgl. Beate M. Weingardt, Das verzeih' ich Dir (nie)! Kränkung überwinden, Beziehung erneuern, Haan 2009.
[3] Rita Wismann-Baratto, System- und Traumatherapeutin, Theologin BTh, war lange Jahre Stellenleiterin der Opferhilfe Aargau/Solothurn, Schweiz.
[4] Aus dem Internet.
[5] Vgl. Jörg Bopp, Frankfurt, Schuld sind immer die anderen, in: Vergebung, Der Mut, einen neuen Anfang zu wagen (Publik-Forum Extra 5/2008).
[6] Vgl. Reinhard Tausch, Lebensschritte. Umgang mit belastenden Gefühlen, Reinbek bei Hamburg 1989.
[7] Vgl. Anselm Grün, Rituale. Damit dein Leben Freiheit atmet, Reinigende Rituale für Körper und Seele, Münsterschwarzach 2007.
[8] Vgl. die Selbstdarstellungen der Organisationen im Internet.
[9] Vgl. Simon Wiesenthal, Die Sonnenblume. Eine Erzählung von Schuld und Vergebung, Hamburg 1970.
[10] Maria Höller, Der Hoffnung Zeuge sein, erschienen im Eigenverlag, © bei der Autorin.
[11] Christine Busta, Wenn du das Wappen der Liebe malst ... Gedichte, © Otto-Müller Verlag, Salzburg [3]1995.
[12] Vgl. Testament spirituel du frère Christian de Chergé, Introduction par Bruno Chenu, Paris 2007, 221.
[13] Hilde Domin, Unaufhaltsam, aus: dies., Gesammelte Gedichte, © Verlag S. Fischer Verlag GmbH, Frankfurt/Main 1987.
[14] Nach einer Geschichte von John Kord Lagemann.
[15] Aus den autobiografischen Schriften der hl. Therese von Lisieux.
[16] Andrea Schwarz, Eigentlich ist Ostern ganz anders, © Verlag Herder GmbH, Freiburg i. Br. 2009.
[17] Vgl. Pierre Teilhard de Chardin, Lobgesang des Alls, Die Messe über die Welt, Olten/Freiburg [6]1980.
[18] Vgl. Henri de Lubac, Glauben aus der Liebe. Einsiedeln 1970, 420.
[19] Vgl. Werner Bergengruen, Die Ostergnade, aus: Die Sultansrose und andere Erzählungen, Zürich 1968.

Sollten, trotz gründlicher Recherche zur Ermittlung von Fremdtexten, im Einzelfall Nachweise nicht korrekt sein oder die Erlaubnis des Abdrucks fehlen, sind wir für entsprechende Hinweise dankbar.
Verlag Katholisches Bibelwerk GmbH

Bildnachweis

S. 9: Fingerhut, Nadel und Faden, Foto: © photocase.com/ Gerti G.
S. 19: Zerissen, Foto: © Olschewski Medien GmbH
S. 33: Externsteine, Foto: © pixelio/Rainer Klinke
S. 49: Reißverschluss, Foto: © pixelio/Rainer Sturm
S. 67: Neckartalbrücke, Foto: © pixelio/Rainer Sturm
S. 83: Ausschnitt aus: Rembrandt van Rijn (1606–1669), Die Heimkehr des verlorenen Sohnes, um 1666/69, 262 x 206 cm, St. Petersburg, Eremitage, Foto: © Erich Purk, Münster
S. 103: Kreuz, Foto: © Norbert Poeschel, Münster
S. 123: „Ende und Anfang“, Foto: © aboutpixel.de/Gerd Gropp

Fasten-Impulse breit gefächert

Erich Purk
Weniger ist mehr
Impulse für die Fastenzeit

52 zweifarbige Karten im
Format 6 x 9 cm;
im Plexiglasaufsteller
ISBN 978-3-460-30243-3

In der modernen Konsumgesellschaft ist der bewusste Verzicht eine wichtige Hilfe, sich der Gegenwart Gottes im Alltag zu öffnen. Die Kartenbox „Weniger ist mehr“ bietet 52 biblisch-spirituelle Impulse für die Tage der Fastenzeit, die zum Innehalten, Besinnen und Meditieren einladen.

Erich Purk
Sehnsucht
Der Fastenfächer

Format 18 x 6 cm;
64 vierfarbige Seiten;
zum Auffächern
ISBN 978-3-460-30303-4

Im Blick auf das, worauf Menschen im Innersten hoffen, begibt sich Pater Erich auf die Spur der Sehnsucht. Er beleuchtet sie in seinen Fasten-Impulsen von zwei Seiten – die Sehnsucht der Menschen nach Gott, aber auch die Sehnsucht Gottes nach uns.

kbw bibelwerk
Verlag Katholisches Bibelwerk
Silberburgstraße 121 · 70176 Stuttgart
Tel. 07 11 / 6 19 20 –37 · Fax –30 · www.bibelwerk.de